Bienvenue à Marrakech

Détail de mosaïque.
beusbeus / iStock

Arriver à Marrakech

EN AVION

Aéroport Marrakech-Ménara

✆ 05 24 44 79 10 - www.onda.ma - à 6 km au sud-ouest du centre de Marrakech.

Taxi – Des taxis assurent la liaison entre l'aéroport et la ville (15mn). Fixez le prix avant le départ, car ils refusent d'utiliser le compteur sur ce trajet. Comptez env. 70 DH (6,50 € env.) la course en petit taxi pour le centre-ville (105 DH de nuit) et 100 DH pour la palmeraie (150 DH en soirée).

Bus – De l'aéroport, un bus dessert une vingtaine de stations dans toute la ville - dép. ttes les 30mn de 6h15 à 21h15 - 20 DH (1,80 € env.), 30 DH (2,70 € env.) AR. Vous pouvez aussi emprunter le bus n° 11, qui rejoint la place Jemâa el-Fna en 20mn (3 DH-0,30 € env.), mais il vous faudra marcher 400 m jusqu'à la sortie de l'aéroport pour atteindre la route d'où on peut le héler.

Voiture – Vous trouverez sur place les principales agences de location de voiture. *Voir p. 94.*

Aéroport Essaouira-Mogador

✆ 05 22 43 58 58 - www.onda.ma - à 16 km au sud-est d'Essaouira. À l'international, connexions avec Paris, Marseille et Londres.

Dans les rues de Marrakech.
Xavier Arnau / iStock

Spécial bus Marrakech

*Les bus de la compagnie **Alsa** (✆ 05 24 33 52 70) desservent Marrakech et sa périphérie.*
***Tarif :** 4 DH (0,38 € env.).*
***Principales lignes :** les plus utiles sont le n° 1 (de Jemâa el-Fna), pour rejoindre le Guéliz depuis la médina via la poste centrale ; les n°s 3, 8, 10 et 14 pour rallier les gares routière et ferroviaire ; le n° 4 (de Jemâa el-Fna) pour se rendre au jardin Majorelle via la gare routière ; le n° 9 (de Jemâa el-Fna) pour faire le tour des remparts ; le n° 11 (de Jemâa el-Fna) et le n° 20 (de la Mamounia) pour la Ménara et l'aéroport.*

Taxi – Des taxis assurent la liaison entre l'aéroport et la ville, comptez env. 150 DH (14 € env.).

Voiture – Vous trouverez sur place les agences de location de voiture Avis, Budget et Europcar. *Voir p. 94.*

ENTRE MARRAKECH ET ESSAOUIRA

Des autocars effectuent le trajet (2h30 à 3h) entre les deux villes plusieurs fois par jour (*➲ p. 92*).

OFFICE DE TOURISME

➲ *p. 83*

Les immanquables

notre sélection des plus beaux sites

La Koutoubia★★★
Plan E4- p. 14

Le jardin Majorelle★★
Plan C1 - p. 32

Le palais de la Bahia★★
Plan G4 - p. 18

Les remparts★★ - p. 28

La place Jemâa el-Fna★★★
Plan F3 - p. 20

La medersa ben Youssef★★
Plan F3 - p. 26

Les remparts et la médina d'Essaouira★★ - p. 38

Les souks★★★
Plan F3 - p. 22

Les tombeaux saâdiens★★★
Plan F5 - p. 16

Nos coups de cœur

Grimper sur l'une des terrasses dominant la **place Jemâa el-Fna** en fin d'après-midi, observer le lieu s'animer de toutes parts dans un extraordinaire fourmillement : marchands de toutes sortes, acrobates, danseurs et musiciens gnaouas, charmeurs de serpents ainsi que gargotiers tirant leur charrette et montant leur stand de restauration en un temps record. S'installer ensuite à une échoppe pour dîner. *Voir p. 20.*

Découvrir l'art et la culture berbères au **Musée berbère** aménagé dans l'ancienne villa Art déco du peintre Jacques Majorelle, à la façade couverte d'un bleu unique. *Voir p. 34.*

Norris / SoFood / Photononstop

Pâtisseries orientales autour d'un thé à la menthe.

Déambuler dans les allées bordées de milliers d'oliviers et contempler le coucher du soleil devant le **bassin de la Ménara** avec, en toile de fond, les sommets de l'Atlas souvent enneigés. *Voir p. 34.*

Se promener dans le luxuriant **jardin Majorelle** aux couleurs éclatantes et parfums enivrants entre cocotiers, palmiers, bougainvillées, cactus et bambous géants. *Voir p. 32.*

Assister le matin au retour des bateaux de pêche colorés dans le **port d'Essaouira**, blotti au pied des fortifications. Savourer des poissons grillés tout frais, puis flâner dans le chantier naval envahi des belles carcasses de bois des bateaux en réparation ou en construction. *Voir p. 36.*

Un séjour à Marrakech et à Essaouira est l'occasion de prendre soin de soi et de faire peau neuve : évacuer ses tensions et succomber aux rituels du **hammam**. *Voir p. 66 et 119.*

Se plonger dans la culture gnaouie à travers la **musique** et les **peintres** d'Essaouira, sensibles à l'atmosphère particulière de l'ancienne Mogador.

sylwia kania / iStock

Artisanat local, des paniers en osier.

Un art singulier et fascinant, souvent proche de l'abstraction, qui mêle des traditions berbères et locales. *Voir p. 126 et 128.*

Craquer pour le raffinement et la richesse de l'**artisanat marocain** qui perpétue un savoir-faire ancestral : vannerie, tapis, bijoux, maroquinerie, poteries, ferronnerie, zellige, marqueterie. Les souks, à Marrakech comme à Essaouira, sont une véritable incitation au shopping. Thé et marchandage au rendez-vous ! *Voir p. 121.*

Se régaler de **pâtisseries marocaines** (griouchs, cornes de gazelle, briouates, ghoribas et autres) et en prévoir une provision pour prolonger et partager le plaisir au retour ! *Voir p. 56 et 130.*

Admirer le somptueux décor des **tombeaux saâdiens** bâtis à la fin du 16e s., en particulier la salle des Douze Colonnes, chef-d'œuvre de l'art hispano-mauresque. *Voir p. 16.*

Prendre plaisir à se perdre dans le lacis de ruelles couvertes de roseaux des **souks** de Marrakech, vieux de huit siècles. Y découvrir les artisans (forgerons, teinturiers, tanneurs, dinandiers, tisserands) et des trésors d'architecture. *Voir p. 22.*

Marrakech en 3 jours

JOUR 1

Matin
Débutez la journée en beauté par une visite du sud de la médina : les splendides **tombeaux saâdiens★★★** (*p. 16*) datant du 16e s. et le **palais de la Bahia★★** (*p. 18*) – la « Belle » –, édifié à la fin du 19e s. qui abrite des appartements somptueusement décorés et un vaste riad planté d'orangers, de cyprès et de jasmins.

Midi
Profitez d'une agréable pause restauration sur une terrasse tout en contemplant la mosquée et les tombeaux saâdiens ou le palais el-Badi, au Kasbah Café ou au café Palais El-Badia (*p. 54 et 48*).

Après-midi
En arpentant le jardin en contrebas de la **Koutoubia★★★** (*p. 14*), vous pourrez observer le célèbre minaret, emblème de la «Ville rouge» et très bel exemple de l'art hispano-mauresque. Avant de plonger au cœur de la médina, faites le plein d'énergie : un jus d'orange frais acheté sur la place Jemâa el-Fna est un pure délice. Arpentez le dédale des **souks★★★** (*p. 22*) sans craindre de vous égarer dans l'incessant va-et-vient. Un extraordinaire voyage sensoriel.

Soir
Soirée sur la place **Jemâa el-Fna★★★** (*p. 20*). Pour vivre pleinement l'ambiance marrakchie, choisissez l'un des stands (grillades, brochettes, salades, tajines, couscous, et aussi cervelle, cœur de mouton ou escargots pour les amateurs) et attablez-vous avec les autres convives dans les volutes de fumée.

Escapade à Essaouira★★ (p. 36)
Départ à l'aube en voiture ou la veille en bus pour profiter, au petit matin, d'une balade revigorante sur le port à l'arrivée des pêcheurs. Les bateaux en bois colorés, les pêcheurs réparant leurs filets, les mouettes, la force des alizés, la lumière changeante de l'Atlantique : un moment magique. Déjeuner de poissons grillés. Promenade au fort portugais et sur les remparts, puis dans la médina, à la découverte des artisans marqueteurs et des peintres (p. 126).

JOUR 2

Matin
Cap vers le nord-est de la médina, le **quartier des tanneurs★** où l'on découvre l'ardu travail du tannage des peaux. De la rue de Bab Debbah, poursuivez tout droit jusqu'à la **place ben Youssef★★★** (*p. 25*) pour visiter l'admirable **medersa ben Youssef★★** et, selon vos envies et le temps disponible, le **musée de Marrakech★** et **Dar Bellarj**. À quelques pas de la place ben Youssef se trouve la **fontaine** monumentale **Echrob** ou **Chouf** (*p. 27*).

Midi

Déjeuner dans le quartier au restaurant Le Jardin ou au Souk Kafé par exemple (*p. 48 et 54*), ou bien dans le Guéliz (*p. 50*).

Après-midi

Balade dans le **jardin Majorelle★★** (*p. 32*) avec visite du **Musée berbère★★★**. Pour vous offrir un moment de détente en fin d'après-midi, optez pour un **hammam** de quartier ou un Spa (*p. 66*).

Soir

Dînez dans l'un des élégants restaurants gastronomiques de la médina (*p. 49*). Envie de prolonger la soirée ? Prenez un verre au Café Arabe (*p. 54*) au milieu des souks ou dans l'un des bars lounge ou clubs du Guéliz (*p. 54*).

JOUR 3

Matin

Plongez-vous dans l'art régional du Sud marocain au musée **Dar Si Saïd★★** (*p. 18*), puis flânez dans les petites ruelles du **mellah**, ancien quartier juif, qui abrite une synagogue, un cimetière juif et de nombreux petits commerces.

Midi

Goûtez un délicieux tajine dans l'une des petites échoppes de la place des Ferblantiers.

Après-midi

Une promenade dans le **jardin de l'Agdal★** (*p. 30*) ou longez les **remparts★★** (*p. 28*) et louez un vélo pour rejoindre la Ménara.

S. Wasek / age fotostock

Le quartier des tanneurs.

Visiter Marrakech

La Ménara.
Karol Kozlowski / iStock

Marrakech aujourd'hui

Marrakech, la « **perle du Sud** »... Dès les premiers pas, le voyageur est étourdi par l'effervescence qui règne dans cette cité vertigineuse. Les parfums, les couleurs, la foule, les fleurs, les verts palmiers, les murs roses tapissés de bougainvillées, le feuillage mauve des jacarandas et, pour qui arrive du nord, l'apparition de la palmeraie au milieu de la plaine ardente du Haouz constituent un étonnant spectacle. Ocre, rose ou rouge, selon la lumière et l'heure, Marrakech se déploie entre sa palmeraie, le désert et les sommets enneigés de la vaste chaîne du **Haut- Atlas**.

Deux villes se côtoient : la **médina**, enchâssée dans ses remparts de terre, et à l'ouest de celle-ci, la **ville nouvelle**, avec les quartiers du **Guéliz** et de **l'Hivernage**, qui gagnent tous les jours sur le désert. La **médina** a la forme d'un bouchon de champagne, elle se compose d'innombrables ruelles où commerçants, porteurs, mendiants, cyclistes, ânes et badauds se croisent dans un incessant va-et-vient. Au centre se trouve la place **Jemâa el-Fna**, principal point de repère au milieu du dédale de ruelles. On finit toujours par y aboutir. La place s'anime de toutes parts en fin de journée. Les marchands ambulants redoublent d'ingéniosité pour attirer le passant, les charmeurs de serpents côtoient les danseurs traditionnels et les acrobates s'échauffent le long des terrasses de café. Une foule s'attroupe et écoute, captivée, les récits d'un conteur. Au sud de la place se trouvent la Koutoubia, les tombeaux saâdiens, les palais richement décorés et les musées ; au nord, les souks, la place ben Youssef, les quartiers Sidi ben Slimane et Sidi bel Abbès.

La **ville moderne** est quadrillée de larges avenues qui s'articulent en étoile, et sont reliées par un réseau de rues plus étroites. Le quartier du **Guéliz** est traversé par l'**avenue Mohammed V**, ponctuée de trois places – la place de la Liberté, la place du 16 Novembre et la place Abdel Moumen ben Ali.

L'architecture de Marrakech justifie à elle seule le voyage, mais c'est sûrement pour ses habitants que vous l'aimerez. La prédominance berbère, le mélange d'influences maghrébine, saharienne et d'Afrique noire font des Marrakchis une population ouverte, accueillante et d'une grande joie de vivre. Nœud d'échanges, **grand centre artisanal depuis sa fondation** – les souks sont parmi les plus fascinants du Maroc –, « Marrakech la saharienne » ne ressemble à aucune des autres cités impériales. Dans ses remparts règne une foire perpétuelle. Sur ses places, dans les galeries couvertes de ses souks, c'est tout au long des jours une cohue bigarrée, dans laquelle se mêle aux citadins une population fluctuante descendue de l'Atlas, ou venue du Sous, de l'Anti-Atlas, du Sahara. Marrakech vit aujourd'hui surtout du

tourisme. Là se croisent les routards, qui logent dans les petits hôtels de la médina, les groupes, dans les grands ensembles plus ou moins luxueux du Guéliz ou de l'Hermitage, et les membres de la jet-set, qui viennent résider quelque temps dans leurs demeures de la palmeraie ou occupent de somptueux riads. « Capitale du Sud », elle offre aux visiteurs, surtout de novembre à mai, l'attrait de ses monuments et le charme de ses immenses jardins, son climat doux et sec et son atmosphère limpide. La proximité du Haut-Atlas, dont Marrakech commande les deux grands cols (Tizi-n-Test et Tizi-n-Tichka), en fait une excellente base d'excursions en montagne. Marrakech est aussi une étape incontournable de la gastronomie et de la vie nocturne marocaine. Ici plus qu'ailleurs flotte un air de liberté. Mais, Marrakech, **troisième ville du Maroc** après Casablanca et Fès, n'en demeure pas moins une énorme agglomération essentiellement rurale où la vie semble conserver parfois un caractère presque médiéval.

Vous pouvez profiter de votre séjour pour faire une escapade à **Essaouira**, située à 175 km à l'ouest de Marrakech sur la côte atlantique. Vous bénéficierez d'un peu de fraîcheur et d'une parenthèse en bord de mer. Bâtie sur une presqu'île rocheuse, entourée de mimosas et de genêts, Essaouira, l'ancienne **Mogador**, surprend par son isolement. Au voyageur qui vient de Marrakech, elle apparaît soudain en contrebas, tantôt blanche et brillante, avec ses façades passées à la chaux tandis que portes et fenêtres copient le bleu du ciel

G. Hellier / robert harding / age fotostock

Le quartier du Guéliz.

et qu'un peu partout des araucarias dressent leurs étranges et sombres silhouettes de chandeliers aux multiples branches, ou bien toute de rose vêtue lorsqu'au coucher du soleil, le cerne rigoureux de ses murailles se découpe sur l'horizon. La ville a le cachet des très anciens comptoirs ; elle survit à un passé qui eut quelque prestige, et révèle un petit monde provincial et charmant. La beauté du site, la qualité de la lumière, la singulière douceur du climat, le pittoresque de la ville et du port – qu'accentue l'ambiance insaisissable qui y règne –, font d'Essaouira un lieu « fort », où tout contribue à ouvrir les sens à la perception poétique et à la rêverie qui ont su toucher la sensibilité de nombreux artistes.

Sud de la médina★★★

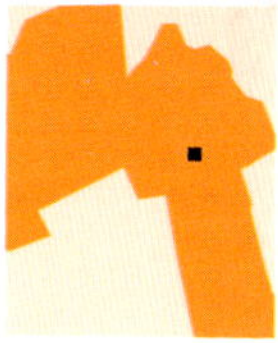

Délimité par l'avenue Mohammed V et la place Jemâa el-Fna, le sud de la médina (classée depuis 1985 sur la liste du Patrimoine mondial de l'humanité par l'Unesco) dévoile certains des monuments emblématiques de Marrakech, comme la Koutoubia et son très célèbre minaret, la magnifique porte Bab Agnaou ou encore le palais de la Bahia.

▶**Accès :** de la place Jemâa el-Fna, on accède aux tombeaux saâdiens et aux autres monuments qui les entourent par la rue Riad Zitoun el-Kédim et la place des Ferblantiers; en arrivant de l'extérieur de la médina, entrer par Bab Agnaou.
Plan détachable EFG4-5.
▶**Conseils :** promenez-vous de préférence à pied et n'ayez pas peur de vous perdre dans le dédale des rues...

LA KOUTOUBIA★★★

E4 *Au sud-ouest de la place Jemâa el-Fna - visite interdite aux non-musulmans.*
Avec son minaret presque aussi célèbre que la tour Eiffel, la Koutoubia doit son nom (dérivé d'*al-koutoubiyyin* : « libraires ») aux nombreux marchands de manuscrits qui s'étaient autrefois établis autour de la mosquée. Chef-d'œuvre de l'art hispano-mauresque, la belle Andalouse est née du caprice d'un homme, le sultan almohade **Abd el-Moumen**, qui avait rasé le palais de l'Almoravide Abou Bakr pour élever sur ses ruines cette mosquée. Achevé par le petit-fils du sultan, Yacoub el-Mansour, le **minaret** de la Koutoubia, haut de 69 m, est surmonté de quatre boules de cuivre, la plus grande mesurant 2 m de diamètre. La légende raconte que les quatre boules proviennent des bijoux en or de Zineb, la charmante épouse de Youssef ben Tachfine. Chaque côté de la façade du minaret, qui a servi de modèle à la Giralda de Séville, présente une décoration différente de motifs floraux et de subtils entrelacs sculptés. Le sommet de la tour, couronné de fins merlons, est parcouru par une frise en zelliges blanc et vert turquoise.

BAB AGNAOU★

(Porte du bélier sans cornes)
E5 Yacoub el-Mansour franchissait cette **porte almohade** pour aller à la kasbah. Le nom surprenant de cette porte a alimenté bon nombre de légendes. Il serait dû à l'existence, dans le passé, de deux tours (les cornes) qui ont disparu.

La Koutoubia.
WitR / iStock

MOSQUÉE EL-MANSOUR

F5 Accès par Bab Agnaou. Les non-musulmans ne peuvent voir que l'extérieur.

On l'appelle aussi « **mosquée de la Kasbah** ». C'est **Yacoub el-Mansour** qui, à la fin du 12e s., fit construire ce sanctuaire pour donner une mosquée à sa kasbah. L'édifice fut en partie détruit en 1574 par une explosion. Des restaurations ont modifié son aspect primitif. Le minaret, d'allure assez massive, porte un joli décor losangé d'entrelacs et une frise de faïences vertes. Il ne reste que peu d'éléments de la mosquée originelle.

LES TOMBEAUX SAÂDIENS★★★

F5 Comptez 30mn - à droite de la mosquée el-Mansour, un long couloir exigu, percé dans la muraille, mène à l'entrée des tombeaux - 8h30-11h45, 14h30-17h45 - 10 DH (0,90 € env.).

Ils témoignent de l'histoire de la dynastie saâdienne, qui s'apparente à une fiction moderne où meurtres et trahisons furent perpétuellement présents. Tous ces enfants de la malédiction se retrouvent aujourd'hui dans ces mausolées, bâtis au 16e s. par Ahmed le Doré. Quand, un siècle plus tard, le sultan alaouite Moulay Ismaïl accéda au pouvoir, il n'osa pas les détruire, mais les entoura d'une enceinte pour qu'on ne puisse y accéder que par la mosquée. Le passage qui permet désormais l'accès des tombeaux aux non-musulmans ne fut aménagé qu'en 1917, lorsque l'on redécouvrit, par hasard, leur existence. Le haut couloir obscur débouche sur un ravissant cimetière, véritable havre de paix, égayé par les touches pastel des roses trémières, les taches mauves des bougainvillées et les reflets rouges des hibiscus.

Les mausolées, construits de part et d'autre, frappent par l'alternance des murs blancs et des matériaux finement travaillés : dentelle de stuc, plafonds et poutres en cèdre sculpté. Le mausolée principal *(sur la gauche en entrant)* comprend trois salles. Dans la **salle du mihrab**, rythmée par quatre colonnes de marbre, reposent surtout des tombes d'enfants, ainsi que des tombes alaouites ajoutées au 18e s. Admirez le mihrab et les portes en cèdre massif sculpté de versets du Coran ! Véritable chef-d'œuvre de l'art hispano-mauresque, la seconde salle compte **12 colonnes** en marbre de Carrare, soutenant une **coupole de cèdre** sculpté et doré. Les trois tombeaux au centre abritent les sépultures d'Ahmed el-Mansour, de son fils et de son petit-fils, tandis que les autres membres de la famille reposent au pied des murs. Enfin, la **salle des Trois Niches**, richement décorée, réunit les tombes des enfants, des femmes et des concubines des princes. Au milieu du jardin, un autre mausolée abrite la **koubba de Lalla Messaouda**, la très vénérée mère d'Ahmed el-Mansour. À côté de la cour reposent les serviteurs et les soldats les plus fidèles.

PALAIS EL-BADi★

F4-5 Comptez 30mn - sur la place des Ferblantiers, une pancarte indique l'emplacement du palais el-Badi, que l'on rejoint par une ruelle à droite - 9h-17h45 - 10 DH (0,90 € env.) visite du palais ; 20 DH (1,80 € env.) billet combiné avec le minbar.

L'histoire du palais el-Badi pourrait se résumer par « grandeur et décadence ». Après sa victoire sur les Portugais lors de la bataille des Trois Rois, en 1578, le roi saâdien **Ahmed el-Mansour** décida de faire construire un palais digne des *Mille et Une Nuits* : **360 pièces, 20 coupoles, une cour de 135 m sur 110 m, un bassin de 90 m sur 20 m**... Et, comme la folie des grandeurs n'a pas de limite, les matériaux n'étaient autres que du marbre d'Italie, de l'onyx d'Inde ou du granit d'Irlande. Les chroniqueurs de l'époque le décrivent comme l'une des merveilles du monde musulman. Mais le palais connut un bien triste sort. En 1683, le sultan alaouite Moulay Ismaïl le dépouilla pour orner ses palais de Meknès. C'est ainsi que dix ans de démolition anéantirent vingt-cinq ans de travaux.

Aujourd'hui, le palais el-Badi se réduit à une immense enceinte de pisé dont les créneaux sont ponctués de nids de cigogne. À l'intérieur, des orangers et des caroubiers entourent les bassins. Seules les dimensions de l'enceinte permettent d'imaginer ce qu'a pu être el-Badi au temps de sa splendeur. Chaque année en juin, le Festival national du folklore redonne vie aux lieux le temps de quelques soirées. Au fond de la vaste cour, un pavillon abrite l'ancien **minbar de la Koutoubia★★★**. Orné de marqueterie et de calligraphie coufique, superbement sculpté, ce minbar du 12e s. n'a cessé d'inspirer les poètes arabes et espagnols. Il fut fabriqué à Cordoue, sur la commande de l'Almoravide Ali ben Youssef (1083-1143), puis transporté à Marrakech pièce par pièce pour être installé dans la mosquée du souverain. Sur cette œuvre s'entremêlent des figures géométriques et des motifs floraux, comme seul l'art de la marqueterie andalouse sait faire. Les flancs s'ornementent d'une frise déployant un maillage géométrique, dans lequel s'encastrent des centaines de petits panneaux richement sculptés. Sur les montants extérieurs des marches, courent des bandeaux épigraphiques, en caractères coufiques, d'une rare beauté. Utilisé tous les vendredis pour la prière jusqu'en 1962, il a fait l'objet d'une minutieuse restauration qui lui a redonné son éclat d'origine.

MELLAH★

G4-5 C'est dans ce quartier ceint de hauts murs, nantis de portes d'accès, que se regroupait jadis la population juive de Marrakech. Aujourd'hui, elle a quasiment déserté le lieu. Créé sous le règne de Moulay Abdallah, en 1558, le Mellah a conservé le pittoresque de son habitat et de ses petites échoppes. Il vaut aussi pour l'animation trépidante de ses marchés : la **place des Ferblantiers**, la kyssaria des bijoutiers, le souk des tissus et surtout le souk des épices avec sa criée matinale. Il ne faut pas hésiter à se perdre dans le dédale des ruelles pour mieux respirer l'âme populaire. Au sein même du Mellah, les visiteurs peuvent, moyennant quelques dirhams, visiter la **synagogue Alzama**, qui s'organise autour d'un patio aux tonalités bleu et blanc. La promenade se termine dans l'émouvant **cimetière de Miaara**, un havre de paix divisé en trois sections (hommes, femmes et enfants). C'est le plus vaste cimetière juif du Maroc. Des milliers de tombes s'y alignent, les plus anciennes se signalant par leur forme triangulaire ou arrondie.

PALAIS DE LA BAHIA★★

***G4** Comptez 1h - r. Riad Zitoun el-Jdid - 8h30-16h30 - 10 DH (0,90 € env.).*

Ce palais fut construit dans la seconde moitié du 19e s. par **Ba Ahmed**, vizir des sultans Moulay Hassan et Abdelaziz. Ce puissant personnage était fort gourmand en argent et en amour – il avait quatre femmes légitimes et vingt-quatre concubines! Cela explique la taille gigantesque de cette demeure, véritable dédale de jardins, de cours et de salons dont la décoration s'inspire des styles arabe, turc et européen. Il la baptisa Bahia, ou « la Belle », du nom de sa première épouse. On visite le petit riad, empli de bananiers et d'orangers, qui donne sur la salle du conseil, couverte d'un plafond en bois de cèdre, remarquable pour ses motifs peints et ses trois soupiraux; la petite cour, qui était entourée d'une mosquée, d'une école coranique, des appartements privés de Ba Ahmed et des chambres de ses femmes légitimes; la grande cour, ou cour d'honneur, autrefois réservée aux concubines, qui donne sur la salle de réception, la plus grande pièce du palais; le grand riad, plaisant jardin planté d'orangers, de cyprès, de daturas et de jasmins; le pavillon privé, appelé aussi appartement de la noble épouse, qui possède un joli décor de bois peint et plâtre sculpté. Les plafonds, tous différents les uns des autres et en forme de nefs renversées, sont colorés grâce à des produits naturels : henné, safran, grenade, jaune et blanc d'œuf. Le résident **général Lyautey**, qui avait fait de ce palais sa résidence lors de ses séjours à Marrakech, fit ajouter les cheminées, le chauffage et l'électricité.

MAISON TISKIWIN★

***F4** Comptez 30mn - 8 r. de la Bahia - www.tiskiwin.com - 9h-12h30, 14h30-18h - 20 DH (1,80 € env.) - enf. 10 DH (0,90 € env.).*

La maison doit son nom à une danse du Haut-Atlas. Le Hollandais Bert Flint a mis en place, dans cette **demeure hispano-mauresque** du début du 20e s., une exposition permanente intitulée : « L'Art de la parure au Sahara, Maghreb et Sahel ». Sous forme d'un voyage imaginaire le long des anciennes pistes reliant Marrakech à Tombouctou, elle met en valeur les liens culturels des différentes populations de l'espace saharien. En sortant de la maison Tiskiwin, prenez la première rue à gauche. Admirez la superbe **fontaine**, dont les inscriptions signifient « la baraka de Mahomet ».

MUSÉE DAR SI SAÏD★★

***F4** Comptez 1h - derb Dar Si Saïd, r. Riad Zitoun el-Jdid - tlj sf mar. 9h-17h - 10 DH (1,80 € env.).*

J. Larrea / age fotostock

Le musée Dar Si Saïd.

Cette demeure porte le nom du ministre qui la fit construire à la fin du 19e s. ; celui-ci n'était autre que le frère du propriétaire de la Bahia. Le palais fut transformé en 1912 en **musée d'Art régional du Sud marocain** et abrite régulièrement des expositions temporaires. Le long du couloir d'entrée, attardez-vous sur les portes en bois des kasbahs du Sud. Vous arrivez ensuite dans le riad, planté de grenadiers, de cyprès, de palmiers, de bougainvillées. Sur le côté s'ouvrent les anciennes salles de réception, aux plafonds en bois peint ou en cèdre brut, dont les zelliges et les incroyables dentelles de stucs colorés sont des modèles du genre. Les pièces,autour du patio regroupent les objets en cuir, la broderie, les céramiques et la poterie. La collection d'armes et de bijoux est particulièrement riche. Au 1er étage, dans un salon remarquable par son plafond à motifs géométriques, sont exposés des chaises et des coffres de mariés en cèdre peint, des porte-cierge, des balançoires traditionnelles, jeux d'enfants dans les milieux ruraux. Ces manèges étaient initialement présents dans tous les moussems. L'art du tapis est à honneur au 2e étage, avec des productions de la province d'Al Haouz et du Haut-Atlas.

Place Jemâa el-Fna★★★

Si vous découvrez la place Jemâa el-Fna en milieu de journée, vous vous demanderez d'où vient sa célébrité : la Banque du Maghreb et la poste centrale de style néomauresque, l'ancienne gare de la CTM et le Café de France bordent un vaste espace vide que domine la Koutoubia. Revenez en fin d'après-midi et, là, vous serez immédiatement séduit. Installez-vous à l'une des terrasses de café en hauteur et contemplez le spectacle, puis allez rejoindre la foule pour dîner. On croirait assister à un immense banquet populaire à ciel ouvert.

▶**Accès :** la place occupe une position centrale dans la médina, on l'atteint rapidement par les portes du côté ouest (entre Bab Nkob et Bab Agnaou). Prendre la Koutoubia comme point de repère, la place se trouve à quelques pas de celle-ci.
Plan détachable EF3-4.

▶**Conseils :** venez plutôt en fin de journée pour apprécier l'ambiance de la place.

À l'entrée des souks, cette vaste place, dont le nom signifierait « **réunion des trépassés** », était autrefois la « place de Grève » de Marrakech : c'est là que les sultans suppliciaient les criminels. Lieu d'échanges entre l'extérieur et la médina, dont elle est le cœur, la place Jemâa el-Fna a acquis une renommée universelle.

Dès la fin d'après-midi, abrités sous de grands paillassons soutenus par des perches ou à l'intérieur de petites échoppes dressées autour de la place s'installent des **marchands** de toutes sortes (marchands d'oranges, porteurs d'eau, vendeurs d'épices, de fruits, d'herbes rares, de babioles, d'amulettes et même de dentiers) ainsi

Jemâa el-Fna, patrimoine oral de l'humanité

En 2001, l'Unesco a décerné à la place Jemâa el-Fna le titre de « chef-d'œuvre du Patrimoine oral et immatériel de l'humanité ». Cette distinction, demandée par nombre d'intellectuels et d'artistes, vient reconnaître l'extraordinaire talent des « artistes de la halka », ces poètes et conteurs qui transmettent et réinventent sans cesse pour le plus grand plaisir des badauds assemblés en cercle (la halka) autour d'eux, les traditions orales et gestuelles : épopées chevaleresques, chansons de geste et contes des Mille et Une Nuits. Tous les genres cohabitent allègrement, et le talent de certains conteurs, comme Mohammed Bariz, est tel que le public suit avec passion les épisodes de leurs récits pendant plusieurs mois.

Zoonar / R. Fuchs / Zoonar GmbH RM / age fotostock

Place Jemâa el-Fna.

que les gargotiers qui montent leur stand pour le repas tandis qu'afflue la foule des badauds. Acrobates, charmeurs de serpents, danseurs et musiciens gnaouas, conteurs et écrivains publics, autour desquels des cercles se font et se défont, s'emparent de la place, qui s'éclaire alors de nombreuses lampes à gaz scintillant d'une lumière très blanche. Des groupes se forment, la foule accourt, attirée par le bruit puis grisée par les senteurs de la fumée des brochettes et par la musique déversée par les bateleurs ; l'agitation rythmée par les percussions ne fait que croître.

Les souks★★★

Vieux de huit siècles, les souks de Marrakech servaient, à l'origine, de point de rencontre pour les caravaniers en partance vers les grandes routes du Sud. Plus tard, des artisans, surtout des tisserands et des tanneurs, occupèrent les lieux. Ils sont aujourd'hui des milliers à travailler calmement à l'ombre des lattis de roseaux, dans le brouhaha des passants et des commerçants. Les souks sont organisés par corporation. Même si vous disposez du plan de ce labyrinthe, vous aurez beaucoup de mal à vous y retrouver. Ici, les sons, les parfums, les sensations vous guident. À chacun donc de créer son itinéraire.

▶**Accès :** juste au nord de la place Jemâa el-Fna ; la rue Souk Smarine constitue l'artère principale des souks.

Plan détachable F3

▶**Conseils :** si vous craignez de vous perdre ou de manquer une partie de la visite, vous pouvez faire appel à un guide officiel en vous adressant à l'office de tourisme *(voir p. 83)* ou à l'Association régionale des guides de tourisme de Marrakech *(voir p. 94)*. Le départ a lieu place Jemâa el-Fna, face au Café de France.

SOUK FEHARINE

(Souk des potiers)

F3 Plats à tajine, bougeoirs, vases, cendriers et cruches se répandent sur le pavé. Les poteries fassies sont bleu cobalt, les poteries berbères, décorées avec la croix du Sud ou le losange nomade (signe des quatre points cardinaux), celles de Safi sont polychromes.

SOUK ATTARINE

(Souk des épices)

F3 Posés à même le sol ou sur une table, des sacs en papier débordent de poudres, de plantes ou de graines, toutes colorées et odorantes : du cumin, de la cannelle, de la menthe, du *ras el-hanout*, du safran, du piment, etc.

SOUK SMARINE

F3 *Dans la kissaria moderne.*
Les échoppes de ce souk sont entièrement drapées. Les plus élégantes s'ornent de douces soieries ou de mousselines transparentes, les plus modestes, de tissus synthétiques. À côté sont suspendus des caftans brodés au fil d'or.

SOUK DES APOTHICAIRES

F3 Les apothicaires concoctent des philtres d'amour pour raviver les

Dans les souks.

passions attiédies. C'est simple : une once de *ras el-hanout,* un peu de curry, quelques pistils de safran et un gramme de secret. Tous les maux trouvent remède : rhume, toux, problèmes de poids, anxiété, adultère... Mais les meilleures ventes se font sur tout ce qui touche à la beauté.

SOUK ZRABI

F3 Les murs sont recouverts de somptueux tapis. Épais et très colorés, les tapis rbatis ont le style des riches demeures. Ceux des nomades du Haut-Atlas portent les dégradés de l'horizon et des montagnes. Les sédentaires ont opté pour des tons vifs contrastant avec la blancheur des murs des douars. De Marrakech à Ouarzazate, les tapis dits « glaoua » ont un fond noir. Entre la place **Rabba Kédima** et le souk Zrabi a lieu tous les jours (sauf vendredi) la **criée berbère**. Vers 16h, les tapis sont dépliés sur le sol avant que ne s'élève l'incroyable polyphonie des enchères. Un moment unique à ne pas manquer.

SOUK SEBBAGHINE

(Souk des teinturiers)
F3 Des bras nus plongent et replongent dans de gigantesques chaudrons. Rouge vermeil, orange fruité ou jaune citron, indigo, des écheveaux de laine ou des fils synthétiques sèchent librement au soleil.

SOUK SMATA

F3 Ce souk regorge de babouches simples ou brodées.

SOUK SEFFARINE

(Souk du cuivre)
F3 Les bruits de marteau signalent les dinandiers, qui fabriquent lanternes et plateaux à thé.

SOUK CHERRATINE

F3 C'est dans ce souk qui embaume le cuir frais que les tanneurs de Bab Debbagh apportent sur des charrettes les peaux travaillées. Les artisans se chargent ensuite de les métamorphoser en sacs, sacoches, porte-monnaie, poufs ou cartables.

SOUK HADDADINE

F3 C'est le domaine des ferronniers et des forgerons. Ces magiciens du fer brut transforment le métal en lanternes, grillages, serrures et panneaux routiers.
Artisanat *p. 121.*

Place ben Youssef★★★

En sortant des souks du côté nord, vous atteignez la place ben Youssef, autour de laquelle s'élèvent quelques monuments remarquables, restaurés pour certains sous l'égide de la Fondation Omar Benjelloun. Après la rénovation de Dar Menebhi et l'ouverture du musée de Marrakech ont été menées à bien les restaurations de la medersa ben Youssef et de la koubba almoravide. Tout à côté, Dar Bellarj est une belle maison ancienne à qui la Fondation pour la culture au Maroc a redonné vie.

▶**Accès :** du côté nord des souks.

Plan détachable F3

▶**Conseils :** il existe un billet combiné pour les trois principaux monuments de la place (60 DH -5,50 €). Cette formule est la plus économique si vous souhaitez visiter à la fois la koubba, le musée et la medersa.

KOUBBA BA'ADIYN

F3 *✆ 05 24 44 18 93 - Son accès est fermé en raison de travaux de restauration ; on se contente donc de l'admirer depuis l'extérieur.*

Unique vestige de l'art almoravide (12e s.), la **koubba** fut exhumée dans les années 1950. Attenante à la première mosquée ben Youssef, la koubba servait de lieu d'ablutions avant les heures de la prière. Sur 80 km, l'eau parvenait des montagnes de l'Atlas par des conduits souterrains ! Un escalier en pierre conduit à la **fosse** où se trouve la **coupole**. De plan rectangulaire, celle-ci présente sur ses quatre faces des ouvertures à arcs polylobés ou en fer à cheval et est surmontée d'un dôme orné de chevrons en relief. Sous la coupole subsiste une cuve à ablutions. La **salle du fond** servait à stocker l'eau, qui était acheminée par des conduits vers la mosquée et trois fontaines.

MUSÉE DE MARRAKECH★

F3 *✆ 05 24 44 18 93 - www.museedemarrakech.ma - 9h-18h30 (18h en hiver) - fermé 1er mai et fêtes religieuses - 50 DH ; 60 DH (5,50 € env.) avec la medersa ben Youssef.*

Installé dans le palais arabo-andalou Menebhi, le musée accueille des **expositions temporaires**, qui mettent en valeur patrimoine historique et création contemporaine, et organise des **manifestations culturelles** (soirées musicales et poétiques, colloques). Autour du vaste **patio central**, couvert d'un vélum et doté d'un impressionnant lustre en métal ouvragé, plusieurs salles contiennent des pièces anciennes (monnaies, manuscrits arabes, céramiques, armes, bijoux, costumes, objets de culte judaïque, etc.), provenant pour la plupart du riche fonds des collections nationales et de la Fondation. Au fond à gauche se trouve un beau **hammam** restauré.

MOSQUÉE BEN YOUSSEF

F3 De la première mosquée ben Youssef, il ne reste que le nom. L'œuvre des Almoravides fut entièrement démolie et reconstruite par les Almohades, en hommage à Sidi Youssef ben Ali, l'un des sept patrons de la ville. Le **minaret**, haut de 40 m, sert de repère quand on se promène dans la médina.

MEDERSA BEN YOUSSEF★★

F3 *✆ 05 24 44 18 93 - www.museedemarrakech.ma - 9h-18h - fermé 1er mai et fêtes religieuses - 50 DH (60 DH - billet combiné avec le musée de Marrakech).*

Flambeau de la dynastie saâdienne, la *medersa* fut fondée au milieu du 14e s. par le sultan mérinide **Abou el-Hassan**. Elle n'était à l'origine qu'une simple université coranique, mais, en 1564-1565, le sultan saâdien Moulay Abdallah la transforma en une institution dont la célébrité allait s'étendre aux confins du Maghreb. Ses 132 chambres, dont la petitesse et la simplicité contrastent avec le raffinement andalou du reste de l'établissement, occupent l'étage et abritèrent jusqu'à 900 étudiants. En 1960, la *medersa* fut désaffectée puis restaurée ; il fallut attendre vingt-deux ans pour qu'elle soit de nouveau ouverte au public.

Une fois franchie la porte aux lourds battants en bronze surmontée d'un linteau en cèdre, on traverse un sombre couloir décoré de mosaïques et de poutres sculptées. On pénètre ensuite dans une **cour rectangulaire**, au centre de laquelle se trouve un bassin de marbre blanc destiné aux ablutions. Le soubassement des murs est orné d'une frise de zelliges colorés surmontés de stuc finement ciselé. Au fond de la cour, un magnifique portail donne accès à la **salle de prière**. Divisée en trois parties par une double colonnade de marbre, la salle est surmontée d'une coupole pyramidale en cèdre ; 24 petites fenêtres en plâtre ajouré éclairent la pièce. Le **mihrab** est revêtu d'une dentelle de stuc ouvragé. Les cellules donnent soit sur le patio central, soit sur l'une des sept courettes bordées, à l'étage, de balustrades en bois tourné. Les chambres du haut, plus grandes (env. 9 m^2) et pourvues de fenêtres, étaient destinées aux étudiants les plus privilégiés.

DAR BELLARJ

F3 *9 Toualat Zaoulat Lakhdar (à droite en sortant de la* medersa*) - ✆ 05 24 44 45 55 - www.darbellarj.org/fr - tlj sf dim. 9h-17h30 - entrée libre.*

La **Fondation pour la culture au Maroc** siège dans cette « maison

E. Teissedre / Photononstop

Medersa ben Youssef.

des Cigognes », construite sur l'emplacement d'un ancien fondouk dont le dernier étage abritait un hôpital pour cigognes. La Fondation organise deux **expositions** thématiques par an, des ateliers d'écriture, de peinture, de musique et de modelage.

FONTAINE ECHROB OU CHOUF

F2 Cette fontaine monumentale (dont le nom peut se traduire par « bois et admire ») est dotée d'un linteau portant des inscriptions coufiques et est surmontée d'un auvent en bois de cèdre sculpté couvert de tuiles.

Tour des remparts★★

L'idée de construire des remparts autour de la ville pour la protéger des incursions ennemies revient à l'Almoravide Ali ben Youssef. Il fit édifier la muraille en pisé en 1132, mais les dynasties almohade et saâdienne n'eurent de cesse de l'agrandir et de la restaurer. Longs de 19 km, les remparts sont flanqués de 202 tours carrées et percés de nombreuses portes. Tout d'ocre vêtus, ils passent du rose au rouge et au brun, au gré de l'ombre et de la lumière.

▶**Accès :** en voiture, prenez l'avenue Mohammed V vers la Koutoubia. Arrêtez-vous à Bab Nkob et tournez à gauche pour longer les remparts. Si vous choisissez de vous y rendre en calèche, partez de la place Jemâa el-Fna ou de Bab Nkob. Comptez deux heures et autour de 100 DH (9 € env.) de l'heure, mettez-vous bien d'accord avant le départ sur le parcours que vous allez effectuer.

Plan détachable DEFGH-12345

▶**Conseils :** allez-y en fin de journée lorsque les ombres des palmiers ornent les vénérables murailles. Vous pouvez aussi faire le tour des remparts à vélo (*adresses de location p. 92*).

BAB NKOB

D3 La poterne n'est en fait qu'une percée dans les remparts effectuée sous le protectorat pour permettre la circulation entre la vieille ville et le quartier moderne. C'est le passage qu'emprunte la large **avenue Mohammed V**, longeant l'agréable **Cyber Parc Arsat Moulay Abdeslam**, ponctué de bornes multimédia.

BAB SIDI RHARIB

D4 La partie des remparts qui relie Bab Nkob à Bab Sidi Rharib est l'une des plus anciennes et des mieux conservées.

BAB JDID

D4 Cette porte est réputée pour son emplacement, à proximité de l'**hôtel de La Mamounia** *(voir p. 70)*. Édifié en 1923 par les architectes **Prost** et **Marchisio**, ce prestigieux palace a attiré de nombreuses célébrités, parmi lesquelles Winston Churchill, Maurice Chevalier, Joséphine Baker, Édith Piaf, Ray Charles… À l'intérieur, visitez le grand salon orné des peintures de Jean Besancenot et le restaurant L'Impériale, dont le plafond

Les remparts de Marrakech.
R. Cintract / hemis.fr

est l'œuvre de Jacques Majorelle. Quant au vaste jardin, on y accède par une petite porte, dite **Bab Mamounia**, située à 200 m de Bab Jdid.

BAB AGNAOU★

E5 *« Le sud de la médina », p. 14.*

BAB ER-ROB

E5 Elle porte un bien joli nom signifiant « porte du jus de raisin ». Sous le règne de **Yacoub el-Mansour**, c'est là que les autorités contrôlaient l'entrée du vin cuit des vignobles de l'oued N'Fis. Passage obligé entre Marrakech et ses environs (l'Ourika), cette porte assurait la protection de la ville.

BAB KSIBA ET BAB IRHLI

F5-6 *À droite de la kasbah.*
Ces portes vous conduiront toutes deux au cœur de la médina. C'est l'occasion de découvrir les quartiers les plus authentiques de la ville et de visiter la **place du Grand Méchouar**, où s'offraient autrefois aux sultans de fulgurantes fantasias.

BAB EL-MAKHZEN

(Porte de l'Agdal)
F5 Admirez le **palais royal** (entrée interdite), et empruntez, tout de suite à droite, la route qui mène au jardin de l'Agdal.

JARDIN DE L'AGDAL★

G6 *Jardin ouvert au public vend. et dim. 8h-17h - entrée libre.*
Ce verger fut créé au 12ᵉ s. par l'Almohade **Abd el-Moumen**.
Sept siècles plus tard, les Alaouites se chargèrent de l'agrandir, d'y creuser un autre bassin et de l'entourer d'une muraille dotée de tours et de portes. Étendu sur près de 3 km, le jardin présente de nombreuses espèces d'arbres fruitiers. L'immense **oliveraie** sert d'aire de pique-nique.

BAB AHMAR

(Porte rouge)
G5 Elle accueillait les sultans de passage à Marrakech. Après avoir longé les **cimetières** et être passé devant la **zaouïa de Sidi Youssef ben Ali**, saint lépreux et ascète vénéré des mendiants, on arrive à Bab Rhemat.

BAB RHEMAT

H4 Son nom est emprunté à un ancien village berbère, situé sur la route de l'Ourika, dont les premiers habitants émigrèrent vers Marrakech.

BAB AÏLEN

H3 Elle date de l'époque almoravide. Peu endommagée par les siècles, elle peut s'enorgueillir d'avoir arrêté en 1129 les Almohades, venus conquérir Marrakech.

BAB DEBBAGH ET LE QUARTIER DES TANNEURS★

G2-3 En longeant l'oued Issil, on arrive à Bab Debbagh, la **porte des Tanneurs**. Cinq fois coudée, cette porte est l'une des mieux protégées de la ville. Moins impressionnant que celui de Fès, le quartier des tanneurs de Marrakech n'en demeure pas moins un lieu étonnant. Mis à part les odeurs, que certains jugent désagréables, voire pestilentielles, il est intéressant de découvrir cette activité singulière et ancestrale. Un guide, ou de préférence un tanneur, vous expliquera les différentes étapes de la fabrication du cuir. Pour ne rien manquer, il est préférable d'y aller tôt le matin.

BAB KECHICH ET BAB EL-KHEMIS

F2 Après Bab Kechich, on arrive à la porte qui côtoie l'oued Issil, Bab el-Khemis. Cette **« porte du Jeudi »** doit son nom à l'ancien souk aux chameaux qui s'y tenait toutes les semaines. Encadrée de deux bastions, elle permettait l'accès au nord de la médina. C'est là que se tient aujourd'hui le **marché aux puces** *(voir p. 56)*.

QUARTIER SIDI BEL ABBÈS

E1-2 *Comptez 30mn de visite.* Sidi bel Abbès (1130-1205) est le plus célèbre des sept saints de Marrakech. Ancien enseignant entièrement dévoué à l'islam, il secourait les mendiants et rendait la vue aux aveugles. Tous les jours, des fidèles déposent dans la **zaouïa** de multiples offrandes; le soir, les dons sont distribués aux déshérités et aux aveugles, qui forment une vraie cour des miracles aux abords du bâtiment. En face se dresse la superbe **fontaine de Sidi bel Abbès**. Restaurée, elle exhibe une très belle grille ouvragée et un auvent entièrement recouvert de zelliges colorés et de plâtre sculpté qu'entoure une frise calligraphique. La **mosquée** et la **medersa** ont été bâties en 1605 sous le règne du Saâdien Abou Farès. Au nord de la mosquée s'entrelacent des ruelles marchandes animées où le touriste se fait rare.

BAB DOUKKALA

D2 Cette porte almoravide tient son nom d'une tribu berbère vivant à proximité de l'oued Tensift. Décorée plus discrètement que ses consœurs, elle évoque la simplicité royale.

BAB ER-RAHA

D3 Avec ses deux imposants **bastions crénelés**, elle se trouve à côté de l'hôtel de ville.

Ville nouvelle★ : le Guéliz et l'Hivernage

Comme toutes les villes nouvelles du Maroc, le Guéliz à Marrakech est né de la volonté du résident général Lyautey qui, sous le protectorat, en confia la conception à l'architecte Henri Prost. Le quartier se compose d'avenues très larges, bordées d'immeubles qui s'articulent en étoile, reliées par un réseau de rues plantées pour la plupart de jacarandas aux ravissantes fleurs mauves. C'est ici que sont installés les sièges des sociétés, les agences de voyages, les banques, les compagnies aériennes, les commerces de luxe et de nombreux hôtels et restaurants. Au quartier du Guéliz, Henri Prost ajouta une zone de villégiature, réservée aux diplomates ou aux officiels qui venaient passer l'hiver à Marrakech, d'où son nom d'Hivernage. La plupart des élégantes villas de ce quartier ont aujourd'hui été remplacées par des hôtels de luxe.

▶**Accès :** en taxi ou à pied (30-40mn de la place Jemâa el-Fna).
Plan détachable C1, B3-4, A5.
▶**Conseils :** la Ménara est magnifique au coucher du soleil. Attendez donc la fin d'après-midi pour vous y rendre.

LE JARDIN MAJORELLE★★

C1 *Comptez 1h - av. Yacoub el-Mansour - ✆ 05 24 30 18 52 - www.jardinmajorelle.com - mai-sept. : 8h-18h ; oct.-avr. : 8h-17h30 - ramadan 9h-17h - visite du jardin 50 DH (4,50 € env.), musée 25 DH (2,25 € env.).*
Ce jardin doit son nom au peintre français **Jacques Majorelle** (1886-1962), un des maîtres de l'École de Nancy, qui découvrit Marrakech en 1917. Venu pour y soigner sa tuberculose, il s'y installa en 1922 et vécut jusqu'en 1962 dans la maison que l'on aperçoit à travers les grilles. Le jardin fut racheté en 1980 par **Yves Saint Laurent** et **Pierre Bergé** qui, après d'importants travaux de restauration, passèrent le flambeau à l'Association pour la sauvegarde et le rayonnement du jardin Majorelle. Créée en 2001, l'association est devenue Fondation Jardin Majorelle en 2011. Une stèle à la mémoire d'Yves Saint Laurent a été érigée à sa mort en 2008. Le jardin frappe surtout par sa palette de couleurs : on y reconnaît l'œuvre d'un coloriste, qui rapporta de ses voyages exotiques une variété incalculable de plantes, de fleurs et d'essences : cactus, hibiscus, bambous, yuccas, palmiers

Les jardins de la Villa Majorelle.

nains, orangers, bananiers, cocotiers, oliviers, rosiers, bougainvillées, cyprès et d'autres encore. Et, pour parfaire le tableau, le peintre a rehaussé les lieux de tons vifs : bleu cobalt pour l'atelier et les bassins, touches de jaune soufre, de vert et de rouge sur les fenêtres, les grands pots en terre et les allées. L'ancien atelier du peintre abrite le superbe **Musée berbère**★★★. Les collections s'articulent autour de quatre thèmes : introduction au monde berbère; les savoir-faire (artisanat, objets du quotidien et des festivités); les parures et l'apparat (costumes et tissages, armes, portes, tapis et instruments de musique). Ces objets proviennent de la collection personnelle de Pierre Bergé, grand admirateur de l'identité berbère, qui a été l'initiateur du projet. Les salles d'exposition sont autant d'écrins, sublimant le mystère d'une culture toujours vivante. Les bijoux, qui mêlent l'éclat de l'argent et des pierres précieuses avec les fastes d'une voûte étoilée, sont assurément le moment fort de cette visite.

OPÉRA DE MARRAKECH

B3 *À l'angle des avenues Mohammed VI et Hassan II.*
Conçu par l'architecte **Charles Boccara** dans les années 1980. Les opéras ne faisant pas partie de la culture marocaine, il est principalement utilisé pour d'autres manifestations culturelles.

PALAIS DES CONGRÈS

B4 *Av. Mohammed VI.*
Construit sur cinq niveaux dans un style à la fois moderne et classique et décoré de toiles de peintres marocains, il accueille depuis 1989 salons, conférences internationales, séminaires et manifestations culturelles : concerts de musique classique ou de jazz, soirées folkloriques, pièces de théâtre ou expositions de peinture.

LA MÉNARA★

A5 *www.jardin-menara.com - jardins : entrée libre 8h30-18h, visite du pavillon 20 DH - vous pouvez vous y rendre en taxi (10 DH - 0,90 € env.), en calèche (80 DH - 7 € env.), que vous trouverez sur le grand terrain de Bab Jdid ou à pied (env. 40mn de la place Jemâa el-Fna).*
Le **pavillon de la Ménara** se reflétant au coucher du soleil dans l'eau limpide du bassin avec, en arrière-plan, les monts enneigés de l'Atlas, est l'une des images emblématiques de Marrakech.
On attribue la construction du bassin central aux Almohades. La dynastie des Saâdiens puis celle des Alaouites transformèrent ce lieu en un magnifique jardin, ceint d'une muraille en pisé longue de 4 km. Élevé en 1866, le pavillon était le lieu de rendez-vous des sultans et de leurs élues. On raconte même qu'à l'aube l'un d'eux poussait dans le bassin sa compagne de la nuit! Dotée d'un bon système d'irrigation, la Ménara est aujourd'hui exploitée comme **verger d'essai**.

La palmeraie★

Quelle est l'origine de cette palmeraie, incontestablement la plus belle du Sud marocain ? La légende raconte que les tribus nomades d'Abou Bakr et Youssef ben Tachfine, installées dans la plaine du Haouz, se délectèrent des nombreuses dattes ramenées des oasis sahariennes. Des noyaux crachés sur le sol serait née la palmeraie !

▶**Accès :** en voiture, quittez le centre-ville en direction du nord-ouest, par la route de Casablanca. Juste avant le pont sur l'oued Tensift, prenez à droite la petite route qui s'enfonce dans la palmeraie. Le circuit est indiqué.
Vous pouvez aussi y accéder en calèche (voir ci-dessous).

Plan détachable Hors plan

▶**Conseils :** promenez-vous dans la palmeraie en fin d'après-midi lorsque la lumière est la plus belle. Si vous êtes à Marrakech au printemps, toute la végétation sera en fleurs.

LA PALMERAIE★

Comptez 2 à 3h - circuit de 20 km - prenez une calèche à la place de Foucauld, le prix ne devrait pas dépasser 200 DH pour une balade de 2h (20 € env.).

Étendue sur près de 14 000 ha, la palmeraie compte plus de 100 000 arbres de diverses espèces, entre lesquels se nichent des jardins maraîchers, des vergers et des champs. Les balades en calèche dans la palmeraie charment les touristes en quête d'exotisme... un peu fané suite au problème désormais récurrent de sécheresse. Les jeunes pousses plantées par l'homme prennent tout doucement la place laissée vacante, sans parvenir à masquer le caractère « déplumé » de cette palmeraie, devenue l'écrin d'une urbanisation haut de gamme. La faute aux promoteurs immobiliers et à cette ribambelle de clubs sportifs, hôtels et villas de luxe qui se cachent derrière de hautes palissades, abondamment fleuries !

LE MUSÉE DE LA PALMERAIE

Hors plan *Dar Ounsi, route de Fez, en face de Metro - ✆ 06 10 40 80 96 - 9h-18h - 40 DH.*

Ce musée est consacré à l'art contemporain. Les collections (peintures, photographies, calligraphies et sculptures portant la signature d'une cinquantaine d'artistes marocains) se déploient dans d'anciens bâtiments agricoles en pisé, au coeur d'une plantation thématique de 2 ha, comprenant notamment un jardin andalou, un potager, une roseraie ou encore un jardin de cactées.

Escapade à Essaouira★★

À quoi tient donc la magie d'Essaouira « la blanche » ? Est-ce à son improbable architecture européenne ou à ses remparts admirablement conservés ? Pour une part, sans doute. Bien sûr, il y a tout le pittoresque de la vie traditionnelle : l'animation du port, les étals colorés des souks, les vieux ébénistes, les tireurs de petites charrettes, les silhouettes en djellaba sur la plage. Mais il y a d'autres raisons, impalpables, indicibles : la force irrésistible des vents alizés, la lumière changeante de l'Atlantique, la présence obsédante des mouettes, l'ambiance paisible, l'odeur du bois de thuya. Et puis aussi, derrière l'austérité du haïk, la fascination de certains regards. La foule a envahi Essaouira, pourtant, le charme demeure…

▶**Accès :** au départ de Marrakech, en bus CTM, deux départs par jour (durée : 3h - 75 DH - 7 €), en bus Supratours, quatre à six départs par jour (durée : 2h30 - 70 DH - 6,50 €), *voir p. 92*. En voiture, par la N 8 et la R 207, comptez environ trois heures.

Plan p. 40-41

▶**Conseils :** prévoyez une laine pour le soir. Attention aux courants sur la plage !

LE PORT★★

La **porte de la Marine★** est une belle construction néoclassique (1769), plus décorative que vraiment défensive malgré la présence des deux échauguettes. Deux colonnes cannelées supportent un fronton sous lequel sont gravés trois croissants de lune, symbole du sultan **Mohammed ben Abdallah**.

Après un petit escalier à droite de la porte *(8h30-12h, 14h30-18h - 10 DH-0,90 € env.)*, un beau **pont fortifié★** permet d'accéder à la *skala* du port en passant sous une grosse **tour carrée★**. Au sommet de cette dernière, la **vue panoramique★★** englobe la médina, le port, la *skala* et, noyées dans les embruns, Diabat et l'île de Mogador. On ne se lasse pas d'observer le ballet des mouettes qui, après s'être laissé porter par les alizés, aiment venir se reposer sur le pinacle de l'une des quatre échauguettes. Attardez-vous à guetter le retour des bateaux de pêche.

En contrebas de la tour s'étend la **skala du port★**, longue plate-forme crénelée où est disposée, face au large, une douzaine de canons en bronze ; elle se termine par un rond-point conçu pour manœuvrer les lourdes pièces d'artillerie. Souvenez-vous du film *Othello* : Orson Welles utilisa la plate-forme et les remparts d'Essaouira pour tourner certaines scènes ; le film obtint la Palme d'or au Festival de Cannes en 1952.

Les remparts d'Essaouira.

numbeos/iStock

Dans la médina.

La *skala* offre un excellent point de vue sur le petit **port★** de pêche, blotti au pied des fortifications. Allez-y flâner un moment, de préférence le matin lorsque l'activité bat son plein, pour goûter à son atmosphère unique. Les barques et chalutiers colorés, les femmes raccommodant les filets, les pêcheurs déchargeant les sardines et les maquereaux en font un lieu très vivant. Si vous avez un petit creux, vous pourrez vous régaler d'une friture de sardines toutes fraîches. Le spectacle le plus fascinant se passe à la criée, lorsque des escadrilles de mouettes, dans un concert de cris, viennent piller sous leurs yeux les étals des pêcheurs.

LES REMPARTS★★

Le plan général des fortifications, inspiré des œuvres de Vauban, a été conçu par **Théodore Cornut**. Longs de plus de 2 km, les remparts étaient renforcés par les batteries du port et de la ville pour parer aux attaques navales, et par le bastion sud pour se prémunir contre un assaut terrestre. Un réseau de fortins et de batteries placés sur les îlots, l'île de Mogador et la plage de Diabat venait compléter le dispositif défensif.

La **rue de la Skala**, très étroite, longe l'intérieur du rempart où s'alignent de hautes façades blanches à fenêtres bleues ; quelques ruelles couvertes se détachent sur la droite,

avant d'atteindre la *skala* de la ville. Naguère, les anciennes casemates voûtées servaient d'ateliers aux ébénistes et il s'en échappait la fumée des feux de copeaux. Si, aujourd'hui, l'air est toujours chargé de l'odeur du bois de thuya et de l'huile de lin, la plupart des ateliers sont transformés en boutiques et les véritables artisans se font rares dans le quartier.
Une longue rampe donne accès à la **skala de la ville**★★ *(8h30-18h)*. Une belle porte ouvre sur la plate-forme circulaire, où l'on manœuvrait les canons du bastion nord. La vue, superbe, s'étend sur les remparts et la médina. Un escalier descend sur l'impressionnante muraille longue de 200 m et armée d'une vingtaine de canons, fondus, pour la plupart, à Barcelone et à Séville à la fin du 18e s.

LA MÉDINA★★

Comptez 2h.
En chargeant des ingénieurs et des architectes européens de créer une ville *ex nihilo*, le sultan leur fournit une occasion unique de mettre en pratique les théories de l'urbanisme du Siècle des lumières. Essaouira est ainsi la seule médina du Maroc à posséder un **plan orthogonal**, avec des artères inhabituellement larges et parfaitement rectilignes. L'axe principal, orienté au nord-est, se compose des avenues Oqba Ibn Nafiaa et Mohammed ben Abdallah, qui sont coupées à angle droit par

Essaouira, l'ancienne Mogador

L'archéologie a montré que le site d'Essaouira avait été occupé dès l'époque préhistorique, mais la ville que nous voyons aujourd'hui est relativement récente, puisque les premiers travaux ne commencèrent qu'en 1764.
Au Moyen Âge, les avantages naturels de la baie n'échappent pas aux navigateurs portugais, qui appellent la ville « ***Mogador*** *» (déformation probable du nom local Mogdoul) et y prennent pied quelque temps au début du 16e s. La canne à sucre est alors une importante production du Maroc ; Mogador en distille une bonne partie et exporte le sucre.*
En 1764, le sultan ***Mohammed ben Abdallah*** *décide d'installer à Mogador une nouvelle ville pour développer le commerce international. Il fait construire un port et confie à l'ingénieur français* ***Théodore Cornut*** *le soin d'établir le plan de la cité nouvelle. D'où l'originalité de cette cité, baptisée Essaouira (« la* ***bien dessinée*** *»). Le sultan tente de favoriser le peuplement de la ville mais, malgré cette politique volontariste, le développement d'Essaouira resta en deçà des espérances du souverain ; après sa mort, elle commença à décliner car elle était trop à l'écart des routes caravanières. En 1844, Essaouira fut bombardée, puis brièvement occupée par la Marine française.*
Aujourd'hui, la concurrence de Safi et d'Agadir a réduit l'activité du port à peu de chose, mais l'ébénisterie, soutenue par l'afflux de touristes, prospère. Essaouira est en effet devenue une ***destination touristique*** *à part entière.*

les rues el-Attarine et Mohammed el-Qory. À l'intérieur de chacun des îlots, cette rigueur est tempérée par la fantaisie tout orientale des ruelles et des impasses biscornues. Derrière la noblesse austère des façades blanches, le visiteur un peu curieux découvrira le grouillement coloré d'une vie mystérieuse.

La rue Laâlouj est l'une de ces artères larges et droites ; elle croise l'avenue Mohammed ben Abdallah, où elle prend le nom de rue el-Attarine. Installé dans un beau riad du 19e s. qui abrita la mairie sous le protectorat, le **musée Sidi Mohammed ben Abdallah**★ *(r. Laâlouj - tlj sf mar. 8h30-18h30 - 10 DH-0,90 € env. - comptez 1h)* présente les arts et traditions de la région : instruments de musique propres aux différentes confréries (à commencer par les Gnaouas), tapis et tentures exécutés par les tribus chiadma et oulad bousbaa, marqueterie, incrustation, bois peint, vêtements, bijoux et armes décorées. Dans la longue **avenue Mohammed ben Abdallah**★, étroite et très animée,

SE RESTAURER

- Alizés Mogador (Les) 1
- Beldy 2
- Chalet de la Plage (Le) 4
- Chez Sam 6
- El Minzah 7
- Ferdaouss (chez Souad) 11
- Laayoune 12
- Licorne (La) 13
- Océan Vagabond 9
- Patio (Le) 14
- Silvestro 15
- Vagues Bleues 8

PRENDRE UN VERRE

- Côté Plage 1
- Taros (Le) 2
- Triskalla (La) 3

SHOPPING

- Arga d'Or 1
- Association Tilal 2
- Azurette 3
- Chez El Hossin et Aziz 4
- Chez Maki 5
- Coopérative artisanale des maîtres marqueteurs 6
- Essaouira Medina 7
- Galerie Aïda 8
- Galerie Bab S'baâ 9
- Galerie d'art Frédéric Damgaard 10
- Galerie La Kasbah 11
- Incrustation Derhy 12
- Jack's Kiosk 13
- Lahri Mohammed Ben Lhoussane 14
- Pâtisserie Driss 15
- Rafia Craft 16
- Thamarah Fatima 17

SORTIR

- Dar Souiri 1

PRENDRE UN BAIN (HAMMAM)

- Hammam Lalla Mira 1
- Hammam Mounia 2
- Sofitel Essaouira Spa 3

cohabitent harmonieusement petits commerces traditionnels et boutiques pour touristes. Au bout de la rue, après une jolie fontaine publique, on atteint l'ancien **mellah** et ses ruelles sombres où, vers 1900, s'entassaient 40 % de la population de la ville. On y comptait une quarantaine de distilleries dans lesquelles se préparait un alcool de figue anisé, la *mahia*, distribuée dans tout le sud-ouest du Maroc. La communauté juive rassemblait 18 000 personnes dans les années 1950. Toutes, à l'exception de six familles, ont quitté la ville après l'indépendance en 1956. Chaque année, en septembre, un pèlerinage attire juifs marocains et étrangers venus rendre hommage au rabbin Haim Pinto, enterré dans le cimetière de la ville.

L'avenue Oqba Ibn Nafiaa (l'ancien méchouar), très large, a plutôt l'aspect d'une place, bordée d'un côté par les remparts de l'ancienne kasbah, de l'autre, par plusieurs hôtels.

Ceux qui s'intéressent à la peinture ou à l'art brut ne manqueront pas de visiter la **galerie d'art Frédéric Damgaard★** (*✆ 05 24 78 44 46 - 9h-13h, 15h-19h - entrée libre - voir p. 62*) fondée par un Danois spécialiste de l'école d'Essaouira. Cette peinture locale, en réalité fort diversifiée, est connue au-delà des frontières du Maroc (« Les peintres d'Essaouira » *p. 126*).

L'avenue se rétrécit – elle prend alors le nom de « l'Istiqlal » – et passe sous une belle porte à trois arches. Là s'ouvrent les **souks★**, avec leurs arcades de pierre reconstruites en 1945 : à gauche, le souk aux épices, le marché aux poissons et de pittoresques boutiques d'alimentation. Sur la droite, entre le souk des bijoutiers et le marché aux herbes, la rue Mohammed el-Qory, longue, étroite et très animée, conduit jusqu'à Bab Marrakech, à côté de laquelle se trouve l'**Ensemble artisanal** *(10h-13h, 15h-18h)*. Non loin de cette porte se dresse l'énorme bastion sud.

L'avenue de l'Istiqlal se poursuit sous le nom d'avenue Mohammed Zerktouni jusqu'à **Bab Doukkala★**. Passé cette porte fortifiée, vous pouvez voir sur la gauche le **cimetière chrétien**, simplement indiqué par un « Pax » au-dessus de la porte. Ses tombes sont presque à l'abandon, mais une lecture attentive des inscriptions funéraires instruit sur la présence diplomatique européenne à Essaouira et sur les conditions sanitaires qui ont dû régner jusqu'à la fin du protectorat...

LA PLAGE

Une vaste grève borde la côte nord de la ville mais, battue par les vents, elle n'est agréable que par très beau temps. La vraie plage d'Essaouira s'étend au fond de la baie, au contact immédiat de la ville. Sa pente douce et unie la rend assez sûre en dépit du vent mais méfiez-vous tout de même des courants. Les vents alizés apportent de la fraîcheur durant tout l'été.

La grande plage d'Essaouira.
G. Giuglio / hemis.fr

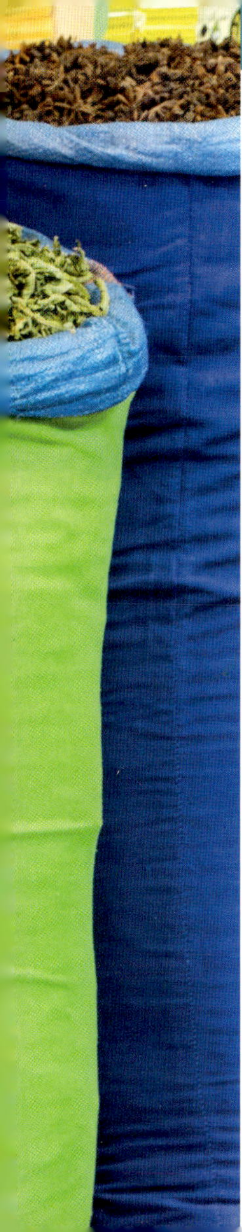

Nos adresses

Sacs de cumin, verveine, clous de girofle.
L. Maisant / hemis.fr

Se restaurer

À **Marrakech**, vous trouverez dans le Guéliz de nombreux cafés pour déjeuner sur le pouce. Dans les restaurants gastronomiques, il est prudent de réserver, le soir en particulier. Dans les maisons d'hôte, où le repas sera préparé spécialement, il faut commander à l'avance. À **Essaouira**, le poisson est roi et se déguste tout juste débarqué des bateaux. Dans les deux villes, ne manquez pas les gargotes dans la **médina** ou dans les **souks** : vous partagerez sans doute votre table avec d'autres clients. L'affluence est souvent signe que l'adresse est bonne. « Gastronomie » *p. 129*.

Repérez les adresses sur nos plans grâce aux pastilles numérotées ex. 1). Les coordonnées en rouge (ex. C2) font référence au plan détachable (à l'intérieur de la couverture). Les adresses d'Essaouira figurent sur les plans p. 40 et 41.

MÉDINA

Moins de 50 DH (4,50 € env.)

3 **Café-crèmerie Toubkal** – **F4** - *46-48 pl. Jemâa el-Fna - 05 24 44 22 62 - tlj sf dim. 9h-23h.* L'une des meilleures adresses à petit prix de la place Jemâa el-Fna, pour goûter à une cuisine très simple. Salades, grillades, tajines, couscous, etc. La *harira* est servie aux environs de 16h. Goûtez les yaourts faits maison ou les pâtisseries orientales. Copieux petit-déjeuner avec de délicieuses crêpes marocaines et des jus de fruits frais.

6 **Earth Café** – **F4** - *Derb Zawak, r. Riad Zitoun el-Kédim - 06 61 28 94 02 - www.earthcafemarrakech.com.* C'est sans doute le seul restaurant végétarien de Marrakech. Une cuisine à base de produits naturels qui séduira même les carnivores invétérés. Les plats du jour sont inscrits sur le miroir de l'agréable salle aux couleurs chaudes. Jolies salles à l'étage et boutique de produits régionaux (épices, huiles).

Place Jemâa el-Fna – **F3** - *tlj entre le crépuscule et minuit environ.* Dînez-y au moins une fois pendant votre séjour. Plus que pour la qualité de la nourriture, c'est pour l'ambiance qu'il faut absolument y aller. Au choix, selon les étals : salades et brochettes, poisson, *harira* (la soupe traditionnelle), escargots, calamars, pastillas, ainsi que quelques curiosités

Se repérer à Marrakech

Pour vous aider à vous retrouver dans la médina, nous indiquons dans les adresses de ce guide le nom de la ruelle (derb) dans laquelle se situe l'établissement, puis le nom de la rue à partir de laquelle on y accède et, si besoin, le nom du quartier. Si vous êtes perdu, demandez votre chemin à un commerçant.

Quartier de Guéliz, Grand Café de la Poste.

(rate de mouton farcie au stand 29). Sans parler du jus d'oranges pressées, du thé à la menthe, des pâtisseries… L'occasion de partager un moment délicieux avec des Marrakchis.

De 50 à 100 DH (4,50 à 9 € env.)

2 **Café Palais El-Badia** – ***F4*** - *4 r. Berrima (à côté de la place des Ferblantiers), Mellah - 05 24 38 99 75. Menus à partir de 80 DH.* Une adresse fréquentée exclusivement par des touristes, qui goûtent un bon tajine poulet-citron ou un kefta aux œufs sans prétention, en contemplant de la terrasse, les cigognes du palais. Grand choix de salades fraîches et petits gâteaux croustillants servis avec le thé.

1 **Café des Épices** – ***F3*** - *75 pl. Rahba Lakdima - 05 24 39 17 70 - www.cafedesepices.net - 9h-21h30.* Niché au cœur du souk aux épices, ce café donne l'occasion de faire une pause dans une ambiance détendue et conviviale, et observer l'animation de la place en sirotant un thé épicé ou en grignotant un sandwich, une salade ou une omelette.

De 100 à 200 DH (9 à 20 € env.)

14 **Dar Mima** – ***F4*** - *9 derb Zaouïa el-Kadiria, Riad Zitoun Jdid - 05 24 38 52 52 - CC - fermé merc. - réserv. indispensable.* À quelques dizaines de mètres de Dar Si Saïd, ce riad propose une carte à des prix raisonnables. Attablé dans le patio, un salon marocain avec cheminée ou une salle plus classique, vous dégusterez une cuisine marocaine traditionnelle de qualité. La chaâria au poulet (vermicelles) est excellente. Service, essentiellement féminin, particulièrement soigné.

5 **Dar Chérifa** – ***E3*** - *8 derb Charfa Lakbir, Mouassine - 05 24 42 64 63 - www.dar-cherifa.com - salon de thé 10h-19h, restaurant 12h-19h.* Ce riad transformé en espace culturel et café littéraire est une adresse à ne pas manquer. Il propose des collations pour les petites faims et des « plats du jour culturels » pour les amateurs de nourriture terrestre ! Vous pourrez aussi savourer thé et douceurs, installé dans les canapés blancs du patio, où sont organisées les expositions, tout en feuilletant les ouvrages laissés à la consultation.

11 **Terrasse des Épices** – ***F3*** - *15 souk Cherifia, Sidi Albdelaziz - 05 24 37 59 04 - terrassedesepices.com - 11h-23h.* Petit frère du Café des Épices *(voir ci-contre)*, il est situé plus profondément au cœur des souks, sur une belle terrasse dominant la médina et d'où l'on aperçoit les sommets du Haut-Atlas. On s'assoit en plein air ou dans de petites alcôves design, pour grignoter l'un des plats (marocains et internationaux) proposés à la carte.

22 **Un Déjeuner à Marrakech** – ***F4*** - *À l'angle de la r. Kennaria et Douar Graoua - 05 24 37 83 87. 11h-22h.* Une adresse cosy, dotée d'une agréable terrasse, idéale pour échapper à l'animation des souks. On y sert une cuisine franco-marocaine simple mais goûteuse, d'un rapport qualité-prix défiant toute concurrence.

De 200 à 300 DH (20 à 30 € env.)

9 **Le Jardin** – ***F3*** - *32 souk El Jeld, Sidi Abdelaziz - 05 24 37*

82 95 - *www.lejardin.ma - 10h -23h.* Une bâtisse du 17e s. dissimule ce « jardin », un patio arboré entièrement habillé de tonalités vertes. Une déco très *sixties*, qui s'harmonise avec les facettes les plus contemporaines de l'artisanat marocain. Côté assiette, des salades, quelques grillades et des plats végétariens, le tout excellent.

20 **Le Marrakchi** – ***F3*** *- pl. Jemâa el-Fna, 52 r. des Banques - ✆ 05 24 44 33 77 - 🍷 CC - 12h-0h.* Avec ses deux salles panoramiques, confortables et joliment aménagées, ce restaurant propose l'une des meilleures tables de la place Jemâa el-Fna. On y dîne ou déjeune dans une ambiance feutrée, en observant l'activité frénétique des passants. Carte ou menus essentiellement marocains.

De 300 à 600 DH (25 à 55 € env.)

18 **Le Foundouk** – ***F3*** *- 55 souk Hal Fassi (pl. du Mokef, proche de la medersa ben Youssef et du musée de Marrakech) - ✆ 05 24 37 81 90 - www. foundouk.com - 🍷 CC - 12h-0h - réserv. conseillée.* Surplombé par un impressionnant lustre en fer forgé, le patio de cet ancien caravansérail abrite une superbe salle moderne aux lignes épurées et à l'ambiance cosy. Plats légers à midi, bonne cuisine méditerranéenne et marocaine le soir (le tajine de lotte aux citrons confits ou la pastilla aux fruits de mer et poisson sont un régal !) et belle carte des vins. Service attentionné de qualité. Superbe terrasse surplombant la médina.

La Maison Arabe – ***E3*** *- 1 derb Assehbe, en face de la mosquée de Doukkala - ✆ 05 24 38 70 10 - www. lamaisonarabe.com - 🍷 CC.* Dans le cadre raffiné de cette demeure mythique *(voir « Se loger », 15 p. 70)*, il faut choisir entre les délicieuses spécialités marocaines (inoubliables pastillas aux fruits de mer ou au lait !) et une cuisine exotique, arrosées de très bons vins. Accueil attentionné, musique traditionnelle jouée par un trio à cordes.

19 **Ksar Es Saoussan** – ***E3*** *- 3 derb el-Messaoudyenne, r. el-Ksour, Mouassine - ✆ 05 24 44 06 32 - www. essaoussane.com - 🍷 CC - à partir de 19h30 - fermé dim. - réserv. conseillée.* Ce restaurant de charme bénéficie d'un cadre exceptionnel : imaginez une maison au cœur de la médina, au décor harmonieux et verdoyant, où des cantates de Bach se mêlent au murmure d'une fontaine. Vous choisirez entre trois copieux menus *(350 à 550 DH/30 à 50 € env.)* comprenant respectivement un, deux ou tous les plats suivants : pastilla de pigeon, tajine du jour et couscous.

17 **Dar Zellij** – ***E2*** *- 1 Kaa Sour, Sidi ben Slimane - ✆ 05 24 38 26 27 - www.darzellij.com - 🍷 CC - Déj. vend., sam. et dimanche à partir de 12h ; dîner à partir de 19h - fermé mar.* Aménagé dans un merveilleux palais du 17e s., ce restaurant vous convie à une soirée digne des *Mille et Une Nuits* au rythme des cithares traditionnelles. L'apéritif est servi dans le patio d'un blanc immaculé où s'élèvent quatre beaux orangers ; puis on s'attable en terrasse ou sous les plafonds en bois de cèdre des salons pour savourer une bonne cuisine marocaine. Trois menus fixes *(300 à 450 DH/20 à 45 € env.)* avec

assortiment de salades, briouates, tajines, couscous et une pastilla au lait croustillante à souhait. Service très soigné. Brunch le dimanche *(180 DH)*.

15 **Dar Moha** – ***E3*** - *81 r. Dar el-Bacha - ✆ 05 24 38 64 00 - www.darmoha.ma* - 🍷 CC - *12h-15h, 19h30-22h30 - réserv. conseillée.* Construite pour le secrétaire du pacha El Glaoui, puis propriété du styliste Pierre Balmain cette luxueuse demeure abrite un restaurant. Dans une ambiance feutrée, le chef vous convie dans un salon chinois, une salle à manger avec cheminée, le salon Balmain, ou autour de la piscine. Vous y dégusterez, sur des airs arabo-andalous ou gnaouis, de belles saveurs à la carte *(plats 130/220 DH)* ou un très copieux menu le soir *(530 DH-50 € env.)*.

23 **Riad Monceau** – ***F4*** - *7/8 derb Chaabane, Riad Zitoune Lakdim - ✆ 05 24 42 96 46 - www.riad-monceau.com - Ouv. le soir, réserv. conseillée* - 🍷 CC -. Ce haut lieu de la gastronomie marocaine dispose d'un cadre de rêve. Préparées à partir de produits frais, les spécialités se savourent idéalement dans le joli patio andalou. Le menu « Dégustation » est d'un bon rapport qualité/prix *(450 DH)*.

Plus de 600 DH (55 € env.)

16 **Dar Yacout** – ***E2*** - *79 Sidi Ahmed Soussi, Bab Yacout, près du parking des grands taxis de la gare routière - ✆ 05 24 38 29 29 - www.daryacout.com* - 🍷 CC - *dîner uniquement, fermé lun. - réserv. recommandée.* Ce palais du 17e s. a été transformé par l'architecte américain Bill Willis. On est tout d'abord convié à un apéritif sous les étoiles, au son lancinant du guembri, puis on dîne dans un des somptueux salons qui encadrent la piscine illuminée. La qualité de sa cuisine marocaine ne se dément pas au fil des années, mais il faut débourser environ *700 DH (65 € env.)* par personne (vin compris) pour profiter de ce cadre merveilleux !

GUÉLIZ

Autour de 50 DH (4,50 € env.)

7 **L'Escale** – ***B2*** - *r. Mauritania - ✆ 05 24 43 34 47* - 🍷 - *fermé j. fériés.* Une adresse populaire toute simple, qui ne désemplit pas depuis 1947. Quelques tables en terrasse, une salle de bistro et, dans l'assiette, de savoureuses grillades accompagnées d'une délicieuse sauce tomate et de frites croustillantes.

De 100 à 200 DH (9 à 20 € env.)

12 **Al Fassia** – ***B2*** - *55 bd Mohammed Zerktouni (dans une petite galerie commerciale) - ✆ 05 24 43 40 60* - 🍷 CC - *fermé mar. - réserv. conseillée.* Cet excellent restaurant marocain, renommé pour ses spécialités de Fès, se distingue par le raffinement de ses plats, à des prix raisonnables. Ne manquez pas la pastilla aux fruits de mer ou la pastilla maison ! Le cadre est soigné et le service, assuré par des femmes, tout à fait remarquable.

HIVERNAGE

Moins de 50 DH (4,50 € env.)

24 **Chez Azyr** – ***A3*** - *28 r. Ibn Al Banna, av.*

Place Jemâa el-Fna, vaste restaurant à ciel ouvert.

29
32
HASSAN

Mohammed VI - ✆ 05 24 42 24 44 - 11h-0h. Depuis l'avenue, suivez la pancarte : vous parviendrez devant ce petit havre de paix, situé dans une ruelle peu passante. Salades, entrées froides ou chaudes, pâtes, et plat du jour (cuisine marocaine) : tout est bon, copieux et vraiment pas cher. Idéal pour une pause déjeuner. On peut s'installer en terrasse ou dans une salle en duplex, très flashy.

À ESSAOUIRA

Plans de la ville ***p. 40 et 41***

Moins de 50 DH (4,50 € env.)

Les **gargotes** en plein air alignées entre la place Moulay Hassan et le port sont très bon marché et le poisson (sardines, pajots, merlans, soles, crevettes, calamars, etc.) ne saurait être plus frais puisqu'il sort des barques de pêche. Ambiance très conviviale. Attention à la note, les prix officiels sont affichés sur un panneau juste en face.

12 **Laayoune** – *4 bis r. El Hajjali - ✆ 05 24 47 46 43 - midi et soir.* C'est une adresse très courue. Ce petit établissement (9 tables), calé entre deux marchands de tapis, sert de succulents tajines, couscous et yaourts maison à prix doux.

8 **Vagues Bleues** – *2 r. Sidi Ali ben Abdellah - ✆ 06 67 64 64 38 - 12h30-15h, 19h-22h - fermé lun.* Une petite gargote toute simple pour manger, selon la carte du jour, une soupe, une salade, des pâtes, du poisson frais ou autre plat à dominante italienne. Très bon marché et sain.

De 50 à 100 DH (4,50 à 9 € env.)

2 **Beldy** – *6 r. Ibn Toumert - ✆ 05 24 47 67 12.* Dans un joli décor rustique, mais cosy, de bois, pierre et brique, ce restaurant de cuisine traditionnelle n'offre pas moins de 18 recettes différentes de tajines. Les portions sont assez modestes, mais vraiment savoureuses. Les deux menus *(70 et 110 DH)* combleront tous les goûts et tous les appétits.

9 **Océan Vagabond** – *bd Mohammed V, sur la plage - ✆ 06 61 16 44 12 - www.oceanvagabond.com - 9h-18h.* Une bicoque en bois conviviale et bien située, sur la plage, face à l'île de Mogador. Pour prendre un petit-déjeuner, grignoter ou boire un jus de fruits frais. Sandwichs, salades, pizzas et omelettes et plats du jour plus élaborés *(100 DH-9 € env.)*.

De 100 à 150 DH (9 à 14 € env.)

11 **Ferdaouss (chez Souad)** – *27 r. Abdessalam Lebadi (ruelle perpendiculaire à l'av. Mohammed ben Abdallah) - ✆ 05 24 47 36 55 - CC - réservez pour le dîner.* Au 1er étage, une jolie salle aux tons jaune et bleu vous attend et, de part et d'autre, un salon marocain. Ambiance intime et dîner aux chandelles. Très bonne cuisine locale concoctée par Souad, la patronne.

15 **Silvestro** – *70 r. Laâlouj - ✆ 05 24 47 35 55 - 🍷 CC.* Si le cadre demeure somme toute banal, le bonheur est incontestablement dans l'assiette. On trouve à la carte les incontournables de la cuisine italienne : antipasti, pizzas et pâtes fraîches (délicieuses accompagnées

de crevettes au safran !). Pour couronner le tout, un service discret et attentionné, et des prix qui demeurent très raisonnables.

De 150 à 200 DH (14 à 20 € env.)

13 **La Licorne** – *26 r. de la Skala - ✆ 05 24 47 36 26 ou 06 61 74 72 88 - 🍷 CC - uniquement le soir ; fermé dim.* Une atmosphère intime règne dans cette jolie salle à arcades avec pierres apparentes et bois brut. On apprécie les pastillas, les tajines, le couscous et les plats de poissons (soupe, brochettes de lotte aux épices), servis dans une belle vaisselle de Safi. Service distingué.

1 **Les Alizés Mogador** – *26 r. de la Sekala (à côté de l'hôtel Smara) - ✆ 05 24 47 68 19 - fermé quelques jours en nov. - menu à 130 DH.* Dans une jolie petite salle à trois arcs outrepassés, un gentil couple marocain vous propose une délicieuse cuisine familiale. Pastilla aux fruits de mer sur commande.

6 **Chez Sam** – *au fond du port de pêche, au bout de la jetée intérieure - ✆ 05 24 47 65 13 - 🍷 CC.* Si le bâtiment n'a pas de charme, à l'intérieur, l'ambiance est plus intime et chaleureuse : vieilles photos, tableaux et objets anciens. Ce restaurant est recommandé pour un déjeuner en terrasse, face aux îles, ou un dîner aux chandelles. Cuisine marocaine et française mettant à l'honneur poissons et fruits de mer *(menus de 100 à 200 DH, 9 à 20 € env.).*

De 200 à 300 DH (20 à 30 € env.)

4 **Le Chalet de la Plage** – *1 bd Mohammed V (sur la plage, à la sortie de la médina) - ✆ 05 24 47 59 72 - 🍷 CC.* Fondé en 1893, ce restaurant est une institution d'Essaouira. À midi, la terrasse, couverte d'une tonnelle, est une merveille : la vue s'étend sur des kilomètres de plage et, à marée haute, les vagues viennent mourir à vos pieds. Le soir, la salle intérieure, décorée dans le style « marine », offre un refuge chaleureux. Tout cela attire beaucoup de monde : réservez.

7 **El Minzah** – *3 av. Oqba Ibn Nafiaa - ✆ 05 24 47 53 08 - 🍷 CC - 9h-15h, 18h-22h.* À côté de la galerie Damgaard, dans un ancien entrepôt repris et décoré par le propriétaire de l'espace Othello, un restaurant spécialisé dans les produits de la mer.

14 **Le Patio** – *28 bis r. Moulay Rachid - ✆ 05 24 47 41 66 - 🍷 CC - 16h30-23h.* Dans le patio de ce joli riad, tout de rouge paré, vous dégusterez de délicieuses tapas et des spécialités de la mer, la carte variant au gré de la pêche du jour. Bel accueil.

Prendre un verre

À Marrakech, vous trouverez de très nombreux cafés autour de la **place Jemâa el-Fna *F3-4***. Beaucoup d'endroits très sympathiques existent aussi dans le **Guéliz**, le long de l'avenue **Mohammed V** notamment. À Essaouira, la **place Moulay Hassan** est presque entièrement occupée par les terrasses des cafés, fréquentées à toute heure par les touristes comme les Souiris.

Repérez les adresses sur nos plans grâce aux pastilles numérotées ex. 1). Les coordonnées en rouge (ex. C2) font référence au plan détachable (à l'intérieur de la couverture). Les adresses d'Essaouira figurent sur les plans p. 40 et 41.

MÉDINA

1 **Café de France** – ***F3***. Pour observer l'animation de la place Jemâa el-Fna, choisissez votre place en terrasse en fonction de la position du soleil.

2 **Café Arabe** – ***F3*** - *184 r. Mouassine - ☎ 05 24 42 97 28 - www.cafearabe.com -* 🍷 CC *- 10h-0h.* Une halte reposante au beau milieu des souks. Préférez le café-salon de thé au restaurant, aménagé dans le patio et les différents salons de la maison. Le propriétaire étant italien, vous trouverez là du bon café.

3 **Kosybar** – ***F4*** - *47 pl. des Ferblantiers - ☎ 05 24 38 03 24 -* 🍴 🍷 CC *- tlj 11h-1h.* Ambiance « ethnique chic » à deux pas des palais, dans un ancien riad de la *mellah*. Des petits salons sur deux étages autour du patio et une belle terrasse pour profiter du soleil. Restauration légère pour le déjeuner, cuisine internationale le soir, boissons, cocktails et musique à toute heure...

4 **Souk Kafé** – ***F3*** - *11 r. derb Souk Jdid, Sidi Abdelaziz - t 06 62 61 02 29.* Une terrasse en hauteur, simple et agréable, pour une pause thé, café ou cocktails de jus de fruits à proximité de la place ben Youssef. On peut aussi y apprécier la cuisine marocaine à un prix raisonnable.

5 **Kasbah Café** – ***F5*** - *47 r. Boutouil, dans le quartier de la Kasbah - t 05 24 38 26 25 - http://kasbahcafemarrakech.com - 9h-23h.* Pour déjeuner, boire un jus de fruit frais ou se reposer entre deux palais. La terrasse panoramique face aux tombeaux saâdiens fait tout le charme de l'établissement.

GUÉLIZ

Le long de l'avenue Mohammed V, les terrasses du 6 **Café des Négociants** (angle du boulevard Zerktouni) et du 7 **Café Solaris** (angle de la rue Sourya), ***B2***, sont envahies à toute heure.

8 **Café du Livre** – ***B2*** - *44 r. Tarik Ibn Ziad - ☎ 05 24 43 21 49 -* 🍴 CC *- tlj sf dim. 9h30-22h.* Loin de l'agitation de la ville, ce café clair

au style épuré invite à prendre son temps. Musique douce, coin cheminée pour les après-midi d'hiver, salon-bibliothèque pour feuilleter la presse ou de beaux livres sur le Maroc. Restauration légère.

9 **Grand Café de la Poste** – **B2** - *av. Mohammed V, derrière la poste centrale - ✆ 05 24 43 30 38* - ✕ 🍷 CC - *8h-1h.* Cette célèbre brasserie chic des années 1930 a bénéficié d'une rénovation qui lui a rendu son élégance d'antan. Le restaurant, tendance nouvelle cuisine, est assez cher et ne comblera que de petites faims, mais vous apprécierez de prendre un verre sur la terrasse dans l'après-midi ou, mieux encore, à l'heure de l'apéritif (belle carte de vins et cocktails).

10 **Montecristo Café** – **B2** - *20 r. Ibn Aïcha - ✆ 05 24 43 90 31* - ✕ 🍷 CC - *19h30-2h.* Il y en a pour tous les goûts, dans ce lieu branché. Restaurant ou bar à tapas, mais aussi rythmes endiablés ou paisible terrasse où il fait bon prendre un verre.

11 **16 Café** – **C3** - *Place du 16 Novembre - ✆ 05 24 33 96 70 - 9h-0h.* Un café résolument contemporain, où tous les produits sont faits maison. Pour une pause sucré – délicieuses pâtisseries et glaces) – ou salé (quiches, salades, burgers), au choix.

À ESSAOUIRA

Plan de la ville p. 40 et 41

2 **Le Taros** – *2 r. de la Skala (à l'angle de la place Moulay Hassan) - ✆ 05 24 47 64 07* - ✕ 🍷 - *tlj sf dim. 11h-16h, 18h-22h.* Dans le cadre agréable d'une maison ancienne, le Taros est une institution d'Essaouira où vous vous nourrirez l'esprit autant que le corps. Une galerie accueille des expositions temporaires d'artistes locaux. Plusieurs bibliothèques sont à votre disposition, et vous pouvez bouquiner au soleil sur la superbe terrasse panoramique en buvant un verre ou en déjeunant (le restaurant est toutefois un peu cher!). Concerts vendredi et samedi en soirée dans la salle de restaurant.

3 **La Triskalla** – *58 bis r. Touahen - ✆ 05 24 47 63 71* - ✕ - *9h-23h30.* Dans une belle salle aux multiples arcades et aux recoins douillets, ce bar-restaurant affiche une ambition culturelle dynamique : projections, expositions, rencontres... Il fait bon y prendre un verre ou une pâtisserie.

1 **Côté Plage** – *bar de l'hôtel Sofitel Mogador - bd Mohammed V - ✆ 05 24 47 90 00* - ✕ 🍷 CC. Idéalement situé sur la plage, face au port, ce lieu est très agréable pour prendre un apéritif accompagné de tapas en fin de journée.

Shopping

À **Marrakech**, on trouve dans les **souks** tous les produits de l'artisanat marocain, riche et raffiné *(voir p. 121)*. La qualité varie d'une échoppe à l'autre. Thé et marchandage font partie du rituel d'achat.

La **médina** d'**Essaouira** est aujourd'hui envahie par les boutiques. Vous serez ici moins harcelé par les rabatteurs ou les bazaristes qu'à Marrakech. Outre les bonnets et les vestes en laine tricotés sur place, vous trouverez une grande variété de beaux objets provenant de toutes les régions du Maroc. Il est, bien sûr, impensable de quitter Essaouira sans acheter des objets en bois de thuya. Les artisans ébénistes sont principalement regroupés **rue de la Skala**, côté bastion nord.

À Marrakech tout comme à Essaouira, vous trouverez de nombreuses **galeries d'art** qui exposent des œuvres d'artistes marocains.

Repérez les adresses sur nos plans grâce aux pastilles numérotées ex. (1). Les coordonnées en rouge (ex. C2) font référence au plan détachable (à l'intérieur de la couverture). Les adresses d'Essaouira figurent sur les plans p. 40 et 41.

MÉDINA

Pâtisseries

(1) **Pâtisserie des Princes** – **F4** - *32 r. Bab Agnaou (près de la place) - ✆ 05 24 44 30 33 - 6h-23h.* Vaste choix de bonnes pâtisseries orientales *(130 à 150 DH-12 à 15 € env./kg)* et occidentales, à déguster sur place ou à emporter.

Marché

(2) **Marché aux puces** – **F2** - *r. de Bab el-Khemis.* Les chineurs pousseront jusqu'à ce marché où s'amoncellent aussi bien de beaux meubles marocains que de vieux téléphones. L'art de fabriquer le « faux vieux » y est extraordinaire ! Attention aux pickpockets.

Artisanat

(4) **Ensemble artisanal** – **D3** - *av. Mohammed V - ✆ 05 24 38 67 58 - tlj sf dim. apr.-midi 9h-19h.* Tout près de l'hôtel de ville. On y rencontre boisseliers, passementiers, bijoutiers, menuisiers, fabricants de soufflets, de lanternes, relieurs, maroquiniers, calligraphes et « animaliers sur métaux ». C'est l'occasion d'admirer ces artisans au travail, en toute tranquillité, loin de l'agitation des souks. Les prix fixes sont en général raisonnables.

(5) **Artisanat Marocain** – **A2** - *27 av. Mohammed V - 9h-19h.* Une boutique spacieuse proposant des objets variés, mais classiques. Prix fixes et raisonnables.

(6) **Chez Brahim** – **F3** - *82 Souk Smarine.* Des babouches de toutes les couleurs composent des piles jusqu'au plafond. Vous y trouverez des formes variées, depuis les traditionnelles aux créations les plus

Babouches.

avant-gardistes, pour l'intérieur, la ville ou la campagne.

7 **Akbar Delights** – **F3** - *45 pl. Bab Fteuh. Fermé lun.* Un artisanat de qualité : tuniques brodées, châles, coussins, sacs...

8 **Atelier Moro** – **F3** - *114 pl. de la Fontaine, Mouassine.* Une adresse confidentielle dans la médina. Une porte en bois, sans enseigne, s'ouvre sur le monde précieux de l'artisanat marocain : broderies, bijoux, objets de décoration.

9 **La Maison Bahira** – **F3** - *15 souk Cherifia, Sidi Abdelaziz.* Du beau linge de maison raffiné, tissé et brodé de motifs anciens.

Livres

10 **Librairie El Ghazali** – **F4** - *51 r. Bab Agnaou (près de la pl. Jemâa el-Fna) - ☎ 05 24 44 23 43 - tlj sf ven. 9h-12h30, 13h30-21h.* Une petite librairie-papeterie où l'on trouve quelques livres en français.

11 **Librairie Dar el-Bacha** – **E3** - *2 r. Dar el-Bacha - ☎ 05 24 39 19 73 - www.darelbacha.com - 9h-13h, 15h-19h, parfois fermé le dim.* Librairie d'art exigeante, mais aussi espace culturel qui organise rencontres et signatures.

12 **Librairie Chatr** – **A2** - *19-21 av. Mohammed V - ☎ 05 24 44 79 97 - lun.-vend. 8h-13h, 15h-20h, sam. 8h30-13h, 16h-20h.* Un large choix de littérature française et internationale, guides, cartes et beaux livres.

Herboristeries, beauté

13 **Herboristerie Malih** – **F4** - *Hay Essalame (à côté du restaurant Douyria), Mellah - ☎ 06 68 04 87 95 - tlj 8h-19h30.* Vous ne pourrez manquer les hautes pyramides colorées qui illuminent le souk aux épices de la *mellah* ! Laissez-vous guider par Malih ou Hicham parmi les plantes, pigments, huiles et produits naturels qu'ils se feront un plaisir de vous faire découvrir. Prix raisonnables.

14 **Le Musée** – **F4** - *riad Zitoun el-Jdid n° 71 (à côté du musée Dar Si Saïd) - ☎ 05 24 38 93 89.* Cette herboristerie richement fournie en épices naturelles et huiles essentielles est aménagée dans une somptueuse demeure à la décoration hispano-mauresque.

15 **Essence des sens** – **E3** - *52 Fhal Chidmi (près de la mosquée), Mouassine* - Toute la gamme des produits Nectarome pour le bain : huiles d'argan, huiles de massage, savons noirs...

16 **Aachab Atlas** – **E3** - *r. Sidi El Yamani Kssour.* Grande herboristerie, richement fournie en épices, plantes naturelles et huiles essentielles.

Instruments de musique

17 **Ét. Sami Fouad** – **F3** - *123/9 r. Kennaria - ☎ 06 61 85 42 30 - 9h-20h.* Vente et achat d'instruments de musique et d'accessoires. Prix fixes.

Mode

18 **Beldi** – **EF3** - *9 et 11 r. Laksour - Bab Ftouh.* Une ligne chic de vêtements et accessoires au design contemporain, coupés dans de belles matières naturelles.

19 **KIS Boutique** – **F3** - *36 derb Fhal Chidmi, Mouassine.* Dans un riad doté d'une agréable terrasse

de café. Du prêt-à-porter de qualité (accessoires, sacs, vêtements), conçu par des designers marocains et internationaux.

GUÉLIZ

Pâtisseries

20 **Al Jawda** – **B2** - *11 r. de la Liberté - ✆ 05 24 43 38 97 - 8h-20h.* La pâtisserie de Mme Halimi est une institution et les Marrakchis eux-mêmes vous diront que ses douceurs marocaines sont les meilleures de la ville ! Comptez *160 DH (16 € env.) par kilo.* Salon de thé au 84 bd Mohammed V.

21 **Amandine** – **B2** - *177 r. Mohammed el-Bequal - ✆ 05 24 44 96 12 - 7h-21h.* Pâtisseries marocaines *(160 à 180 DH-15 à 20 € env./kg)* et françaises raffinées, viennoiseries et glaces. Salon de thé.

Artisanat

22 **Scènes de Lin** – **B2** - *70 r. de la Liberté - ✆ 05 24 43 61 08 - tlj sf dim. 9h30-12h30, 15h30-19h30.* Étoffes et tentures, tissus d'intérieur, le tout présenté dans un beau show room.

Antiquités

23 **Amazonite** – **B2** - *94 bd el Mansour Eddahbi - ✆ 05 24 44 99 26 - CC - tlj sf dim. 9h30-13h, 15h30-19h30.* Un des meilleurs antiquaires de la ville. Bijoux en or et en argent, poteries, broderies, tapis, armes, tableaux orientalistes… La propriétaire vous racontera l'histoire de chacun de ses trésors. Prix fixes.

24 **Al Badii** – **B3** - *54 bd Moulay Rachid - ✆ 05 24 43 16 93 - CC.* Une boutique spacieuse et élégante. Anciennes poteries de Fès, broderies de Rabat et de Fès, portes berbères, plafonds des 18e et 19e s., tableaux orientalistes… Le prix de ces merveilles vous obligera peut-être à vous contenter du « plaisir des yeux ».

Galeries d'art

25 **Passage Ghandouri** – **B2** - *accès par le 61 r. de Yougoslavie.* Une demi-douzaine de galeries d'art sont installées dans ce passage. Parmi elles, les réputées **Matisse Art Gallery** et **Galerie Majorelle**.

Maroquinerie

27 **Place Vendôme** – **B2** - *141 av. Mohammed V - ✆ 05 24 43 52 63 - CC - lun.-sam. 9h-12h30, 15h-19h30.* Beaux articles de maroquinerie, de bagagerie et de vêtements en cuir ou daim, mais les prix sont en conséquence !

28 **Sergio Balantcia** – **B2** - *104 bd el Mansour Eddahbi - ✆ 05 24 42 32 18 - CC - lun.-sam. 9h-13h, 14h-20h.* Prêt-à-porter en cuir pour les femmes et pour les hommes, bagagerie et accessoires.

Livres

29 **ACR** – **B2** - *55 bd Mohammed Zerktouni (à côté du restaurant Al Fassia) - ✆ 05 24 44 67 92 - tlj sf dim. 9h-12h30, 15h-19h.* Librairie d'art. Très beaux ouvrages consacrés au Maroc et au Maghreb.

Herboristerie

30 **La Boutique Naturelle d'Argan** – **B2** - *5 r. Sourya - ✆ 05 24 44 87 61.* Cette boutique récente, spécialisée dans l'huile d'argan, travaille en

collaboration avec les femmes berbères du Sud marocain.

À ESSAOUIRA

Plan de la ville ***p. 40 et 41***

Pâtisserie

15 **Pâtisserie Driss** – *10 r. El Hajjali - ✆ 05 24 47 27 93 - 7h-21h.* LA pâtisserie d'Essaouira, où l'on peut s'attabler à toute heure afin d'apprécier ses viennoiseries, ses gâteaux marocains et européens ou ses pastillas.

Antiquités/artisanat

6 **Coopérative artisanale des maîtres marqueteurs** – *6 r. Khalid Ibn Oualid (accès par la place Moulay Hassan et la rue de la Skala) - ✆ 05 24 47 56 76.* Une coopérative où l'on peut voir les artisans au travail. La boutique attenante regroupe leur production.

11 **Galerie La Kasbah** – *4 r. Tetouan - ✆ 05 24 47 56 05 - www.galerie-lakasbah.com - 9h-22h.* Installé dans un beau riad du 18e s., ce brocanteur propose un très large choix de poteries anciennes, peintures, tapis et objets divers.

12 **Incrustation Derhy** – *13 r. El Attarine (à côté du riad Al Madina) - ✆ 05 24 47 25 53 - 9h30-12h30, 16h-22h.* Le travail d'Ottmane est remarquable par son style : ses marqueteries en thuya sont d'une grande sobriété, très bien finies, avec des lignes contemporaines (prix fixes).

14 **Lahri Mohammed Ben Lhoussane** – *181 souk el-Ghazel.* Il faut absolument jeter un œil sur cet invraisemblable atelier de tissage, tellement minuscule que l'homme qui y travaille a dû installer ses métiers sur une sorte de mezzanine. Les coloris sont somptueux... et vous pourrez admirer les tissus, les couvertures et les couvre-lits en toute tranquillité.

4 **Chez El Hossin et Aziz** – *À gauche en entrant dans le centre artisanal.* La présence d'un métier à tisser traditionnel et la gentillesse de l'accueil font de cette boutique l'endroit idéal pour mieux comprendre et apprendre à repérer à l'œil nu les différentes qualités de tissage.

17 **Thamarah Fatima** – *15 bd Alal Ben Abdellah.* Dans cette minuscule boutique de mode traditionnelle marocaine, située en face de la pharmacie de la Kasbah, vous trouverez de superbes babouches tressées.

Objets en raphia

7 **Essaouira Medina** – *r. Ibn Rochd (en face d'Arga d'Or).* Beaux modèles de chaussures en raphia ou raphia et cuir.

16 **Rafia Craft** – *82 r. d'Agadir (côté Bab Marrakech) - ✆ 05 24 78 36 32 - tlj sf dim. 10h-13h, 15h-19h.* De jolis babouches, mules et mocassins, un peu plus chers, mais originaux et colorés.

Livres

13 **Jack's Kiosk** – *1 pl. Moulay Hassan - 10h-23h30 - CC.* Un large éventail de la presse internationale, ainsi que des livres variés sur le Maroc et de belles cartes postales.

8 **Galerie Aïda** – *2 r. de la Skala - ✆ 05 24 47 62 90 -* CC. Un incroyable bric-à-brac où, à côté de bibelots hétéroclites, les fouineurs dénicheront des ouvrages, anciens ou récents, souvent difficiles à trouver ailleurs.

Galeries de peinture

Les peintres d'Essaouira *p. 126*.

10 **Galerie d'art Frédéric Damgaard** – *av. Oqba Ibn Nafiaa - ✆ 05 24 78 44 46 -* CC *- tlj 9h-13h, 15h-19h - entrée libre.* C'est assurément la plus renommée, sans être forcément la plus chère. Fondée par Frédéric Damgaard, la galerie expose et vend les œuvres de peintres locaux autodidactes et aujourd'hui reconnus *(voir p. 42)*.

2 **Association Tilal** – *4 r. du Caire - ✆ 05 24 47 54 24 - 8h30-12h30, 14h30-19h, dim. sur RV - entrée libre.* Cette association regroupe une cinquantaine d'artistes souiris qui exposent ici leurs œuvres, proposées à des prix très attractifs.

9 **Galerie Bab S'baâ** – *av. Mohammed V, sous le porche de Bab S'baâ - ✆ 06 67 73 67 43 - 9h-13h, 15h-20h - entrée libre.* Cette petite galerie vaut le détour pour les superbes peintures au henné sur peau de chèvre de Mme Souad Attabi.

Herboristeries

5 **Chez Makki** – *n° 221 souk Laghzal - ✆ 05 24 47 30 90.* Le sympathique Makki propose un large choix d'épices, de plantes, parfums, pigments, produits naturels et huiles d'argan qu'il se fera un plaisir de vous faire découvrir, sentir ou goûter. Il prépare des mélanges « sur mesure ». Prix très raisonnables.

1 **Arga d'Or** – *5 r. Ibn Rochd - ✆ 05 24 78 40 69.* Une boutique bien fournie où l'on trouve toute une gamme de produits dérivés de l'huile d'argan : huiles cosmétiques ou culinaires, *amlou*, savons, crèmes.

3 **Azurette** – *12 r. Malek ben Mourhal (perpendiculaire à l'avenue de l'Istiqlal) - ✆ 05 24 47 41 53 - 9h30-20h.* Une jolie boutique à arcades tenue par Rachid et Ahmed. Les rayons sont couverts de bocaux contenant plantes, épices, huiles. Accueil sympathique, mais il faut parfois négocier les prix.

Sortir

Marrakech compte de nombreux **bars musicaux**, fréquentés autant par les jeunes Marocains que par les expatriés ou les touristes. Un grand nombre de **bars-restaurants « lounge »** ont également fleuri dans la ville, attirant une clientèle marocaine jeune et branchée et de nombreux expatriés. La cuisine (internationale) y est généralement correcte, mais les prix souvent surévalués. Venez plutôt y prendre un verre, à l'heure de l'apéritif ou en fin de soirée.

Les **clubs**, très fréquentés le week-end, se trouvent souvent **au sein des hôtels**, notamment sur l'avenue Mohammed VI, dans la **ville nouvelle**. Deux **casinos** sont installés dans la ville et de nombreux **cinémas** affichent une programmation internationale...

Plus tranquille et familiale, **Essaouira** n'offre pas un vaste choix pour les visiteurs en mal de clubs et de bars. En revanche, la cité, dotée d'un tissu associatif dynamique et d'une créativité intense, organise de célèbres festivals de musique et s'anime ardemment lors de ces événements (*p. 96*), profitez-en si vous y êtes à ces périodes !

Repérez les adresses sur nos plans grâce aux pastilles numérotées ex. 1). Les coordonnées en rouge (ex. C2) font référence au plan détachable (à l'intérieur de la couverture). Les adresses d'Essaouira figurent sur les plans p. 40 et 41.

MÉDINA

Voir les adresses « Prendre un verre » dans la médina *p. 54*.

Cinéma

1 **Cinéma Mabrouka** – **F4** - *77 r. Bab Agnaou - 05 24 44 33 03 - 1 salle - 15-25 DH (1,35-2,30 € env.).*

GUÉLIZ

Bar/pub

2 **African Chic** – **C3** - *6 r. Oum Errabia - 05 24 43 14 24 - www.african-chic.com - - fermé dim.* Un lieu sympathique pour prendre un verre ou grignoter quelques tapas dans un cadre afro-marocain, autour d'un groupe de musique du monde (concerts jeudi, vendredi et samedi soir). Ambiance garantie. « *Happy hour* » de 18h à 20h.

Théâtre

3 **Théâtre Royal** – **B3** - *av. Mohammed VI, à l'angle de l'avenue Hassan II - 05 24 43 15 16.* Spectacles vivants, expositions, journées culturelles thématiques.

Cinéma

4 **Cinéma Le Colisée** – **B2** - *bd Zerktouni (à l'angle de la rue Mohammed el-Bequal) - 05 24 44 88 93 - 25/35 DH.* Programmation de films marocains, arabes et internationaux. Le cinéma accueille certains événements du

Festival international du film de Marrakech.

Institut français de Marrakech – **A2 en direction** - *Route de Targa, jbel Guéliz- ✆ 05 24 44 69 30* - Outre une médiathèque, l'institut possède une salle de cinéma ; il organise des expositions, des conférences et des rencontres avec des auteurs marocains et français, et accueille des spectacles (danse, théâtre) et des concerts.

HIVERNAGE

Bars/Clubs

5 **Le Comptoir Darna** – **C4** - *av. Echouada - ✆ 05 24 43 77 02 - www.comptoirmarrakech.com* - 🍴 🍷 CC - *20h-3h.* Un des lieux les plus branchés de Marrakech, joliment décoré avec un tedlakt couleur prune. Restaurant, agréable patio, orchestre et musique tendance aux platines.

6 **Pacha Marrakech** – **E8** - *av. Mohammed VI, zone hôtelière de l'Agdal - ✆ 05 24 38 84 00- www.pachamarrakech.com - tlj à partir de 20h - entrée gratuite dim.-mar. (filles) et merc. ; 200 DH (20 € env.) mar. (garçons) et jeu.-sam.* Complexe comprenant un bar, deux restaurants et une piscine. On y danse sur les derniers sons électro du moment.

7 **Le Théâtro** – **C4** - *Hôtel Es-Saadi, r. Ibrahim El Mazini, Hivernage - ✆ 06 64 86 03 39 - www.theatromarrakech.com - tlj à partir de 23h30 - entrée : 150 DH (15 € env.).* Ambiance festive dans une ancienne salle de music-hall transformée en boîte branchée.

Casino

8 **Casino de Marrakech** – **C4** - *Hôtel Es-Saadi, r. Ibrahim El Mazini, Hivernage - ✆ 05 24 44 88 11 - www.poker-marrakech.com - 18h-8h, 10h le week-end.* Machines à sous, tables de jeu.

AUX ALENTOURS

Bar/pub

Bô-Zin – **Hors plan par F8** - *rte de l'Ourika, à 3,5 km de Marrakech - ✆ 05 24 38 80 12 - www.bo-zin.com* - 🍴 🍷 CC - *tlj à partir de 20h - navette gratuite à disposition et sur réservation.* Endroit « chic décontracté », qui réunit les Parisiens en mal de soirées *lounge* et les Marocains branchés, qui cherchent à être vus dans ce cadre design. Le must ? Siroter un verre de Martini blanc et grignoter des tapas sous les étoiles, avant de faire quelques pas de danse sur la piste.

ESSAOUIRA

La culture gnaouie *p. 128*.

1 **Association Essaouira-Mogador Dar Souiri** – *10 r. du Caire - www.essaouiramogador.org.* Ce centre socioculturel monte des expositions et coorganise les festivals, il permet de connaître l'agenda culturel de la ville.

Bar avec vue panoramique.

Prendre un bain (hammam)

Pour vous détendre, n'hésitez pas à aller au **hammam** « du quartier ». Ces bains de vapeur humide sont l'héritage des thermes romains (*p. 119*) ; ils sont en général très bon marché, propres et animés, et c'est là que vous vivrez l'expérience la plus authentique. À **Marrakech** comme à **Essaouira**, les hammams sont regroupés dans la **médina**. On trouve aussi depuis quelques années de nombreux hammams-Spas occidentalisés, beaucoup plus chers que les adresses traditionnelles, offrant des soins plus variés.

Repérez les adresses sur nos plans grâce aux pastilles numérotées ex. 1). Les coordonnées en rouge (ex. C2) font référence au plan détachable (à l'intérieur de la couverture). Les adresses d'Essaouira figurent sur les plans p. 40 et 41.

MÉDINA

Hammams

1 **Héritage Spa** – **E3** - *40 Arset Aouzal - Bab Doukkala - 05 24 38 43 33 - www.heritagespamarrakech.com - 10h- 20h, fermé merc.* Un cadre de rêve pour se détendre et une gamme de soins très complète : hammam tradition *(290 DH)* - massages *(à partir de 450 DH)*.

2 **Hammam Ziani** – **F4** - *14 r. Riad Zitoun el-Jdid (près du palais de la Bahia) - 06 62 71 55 71 - www.hammamziani.ma - 8h-22h30 (femmes et hommes).* Un beau hammam au cœur de la médina. Hammam, savonnage, gommage *(250 DH-25 € env.)*, avec massage *(à partir de 300 DH)*.

3 **Les Couleurs de l'Orient** – **F4** - *22 derb Lakhdar, r. Riad Zitoun el-Kédim - 05 24 42 65 13 ou 06 03 27 95 76 - www.couleursdelorient.com - 10h-22h - sur réserv.* Diverses formules hammam et soin *(à partir de 145 DH-15 € env).*, hammam et massage *(à partir de 370 DH-35 € env).*

4 **Hammam Mille et Une Nuits** – **F3** - *58 derb Dabachi (près de la place Jemâa el-Fna) - 05 24 44 30 79 - www.spa-hammam1001nuits.com - 10h-21h, sur réserv. uniquement, soins pour les femmes aux heures paires, pour les hommes aux heures impaires.* Élégante et chaleureuse adresse. Hammam-gommage *(150 DH-15 € env.)*, massages à l'huile d'argan *(330-550 DH/30-50 € env.)*, mais aussi soins esthétiques et salon de coiffure.

5 **Les Bains de Marrakech** – **E5** - *2 derb Sedra, Bab Agnaou - 05 24 38 14 28 - www.lesbainsdemarrakech.com - 9h-19h30, sur réserv.* Hammam avec gommage traditionnel *(170 DH-15 € env.)*, des bains orientaux *(200 DH-20 € env.)* et un très large choix de massages *(370-450 DH/35-40 € env.)*, de soins du visage et du corps.

GUÉLIZ

Hammam

Hammam Hilton – **A2 en direction** - *230 rte de Targa - ✆ 05 24 49 31 29 - 8h-22h.* Une belle adresse, recommandée par les Marocaines elles-mêmes, mais éloignée de la ville. Il faut être véhiculé (en taxi de la médina, comptez autour de 30 DH). Forfait complet avec gommage et massage à partir de 250 DH (25 € env.).

AUX ALENTOURS

Parc aquatique

Oasiria – **Hors plan C8 en direction** - *rte d'Amizmiz km 4, Cherifia - ✆ 05 24 38 04 38 - www.oasiria.com - 10h-18h - 190 DH (20 € env.) la journée, 120 DH pour les enfants entre 0,80 et 1,50 m., gratuit pour les enfants de moins de 80 cm - navette gratuite (bus bleu à 2 étages) du centre-ville, en face de la Koutoubia et en face du Mc Donald's du Guéliz, à partir de 9h30 toutes les 45mn jusqu'à 15h; pour le retour, navette gratuite à partir de 17h. Sur place, restaurant, snack et cafés.* Grande piscine à vagues, plusieurs toboggans dont un « kamikaze », lagon, rivière tranquille que l'on parcourt sur une bouée, jeux aquatiques aménagés dans un vaste parc.

ESSAOUIRA

Plans de la ville **p. 40 et 41**

Hammams

1 **Hammam Lalla Mira** – *14 r. d'Algérie (attenant à l'hôtel du même nom) - ✆ 05 24 47 50 46 - www.lallamira.net. Femmes 9h30-19h, hommes 19h-22h.* Depuis leur restauration, les plus vieux bains publics d'Essaouira sont aussi les premiers du Maroc à utiliser l'énergie solaire. Hammam traditionnel, où vous pourrez faire gommage *(75 DH-7 € env.)*, enveloppement *(75 DH)* et massage *(75 DH)*.

2 **Hammam Mounia** – *r. Oum-Errabii - ✆ 06 67 23 65 05 - 12h30-21h30.* Ancien hammam restauré, proposant une large gamme de soins. Plusieurs forfaits : gommage, modelage, massage, enveloppement au ghassoul *(à partir de 70 DH)*.

3 **Sofitel Essaouira Spa** – *bd Mohammed V (voir « Prendre un verre », Côté Plage) - ✆ 05 24 47 90 00 - www.thalassa.com - CC - 9h-12h30, 14h30-19h (vend.-dim. 20h).* L'institut de thalassothérapie du Sofitel propose un large choix de soins à la carte : hammam *(160 DH-15 € env.)*, beauté marocaine, remise en forme *(4 soins, 950 DH-90 € env.)*, esthétique...

Plage

Elle est immense, car l'estran forme une pente très douce. Notez qu'elle est très ventée et qu'il n'y fait jamais très chaud.

Promenade en mer

Essaouira Sailing – *✆ 06 61 62 63 13.* Excursions en bateau et sortie à la voile dans la baie d'Essaouira autour des îles, pêche.

Se loger

À **Marrakech**, vous trouverez dans la **médina** des **hôtels** très bon marché et des centaines de **riads** transformés en maisons d'hôte. Séjourner dans les quartiers du Guéliz (ville nouvelle) et de l'Hivernage présente en revanche peu d'intérêt. C'est là que se concentrent les grands hôtels accueillant des groupes.

À **Essaouira**, les hôtels et riads de charme constituent l'un des agréments de la ville. Ils comportent généralement moins d'une vingtaine de chambres. Pour les festivals et les mois d'été, pensez à réserver. La plupart des établissements majorent leurs tarifs d'environ 15 % pendant la période du Festival gnaoua (en juin).

Repérez les adresses sur le plan détachable (à l'intérieur de la couverture) grâce aux pastilles numérotées (ex. 1). Les coordonnées en rouge (ex. D2) font référence à ce même plan. Les adresses d'Essaouira se trouvent sur les plans p. 40 et 41.

MÉDINA

Plan détachable à l'intérieur de la couverture.

Hôtels

De 150 à 300 DH (15 à 30 € env.)

10 **Hôtel El Atlal** – **F4** - *48 r. de la Recette - 05 24 42 78 89 - 16 ch. - 250 DH la ch. double - pas de petit-déj.* - Une excellente adresse pour les petits budgets. Cet hôtel simple, clair et bien tenu dispose de chambres correctes. Accueil charmant. On regrette seulement qu'il n'y ait pas de terrasse !

4 **Hôtel Central Palace** – **F4** - *59 derb Sidi Bouloukat, r. Bab Agnaou - 05 24 44 02 35 ou 06 61 58 27 65 - www.lecentralpalace.com - 39 ch. - - petit-déj. 25 DH (2,30 € env.) - réserv. conseillée.* Cet hôtel, situé à deux pas de la place Jemâa el-Fna, ne désemplit pas. Il faut dire qu'il offre à la fois le charme d'une ancienne demeure et un accueil aimable, à un prix intéressant. Joli cadre déclinant des tons harmonieux à dominante de beige et de vert autour d'un patio. La moitié des chambres disposent d'une salle de bains *(250 DH)*. Certaines sont climatisées et sont équipées d'une télé *(350 DH-32 € env.)*.

De 300 à 500 DH (27 à 45 € env.)

1 **Hôtel Ali** – **E4** - *r. Moulay Ismaïl - 05 24 44 49 79 - www.hotel-ali.com - 39 ch. - - ch. double 350 DH, petit-déj. inclus.* Cet hôtel aéré et coloré est idéalement situé à 50 m de la place Jemâa el-Fna. Il s'est offert un complet rafraîchissement et un réaménagement en 2015. Les chambres sont simples et d'une propreté irréprochable, certaines peuvent accueillir 3 ou 4 personnes. Demandez celles qui possèdent un balcon ou qui ouvrent sur la cour (les autres sont bruyantes). Salons marocains et belle terrasse donnant

J.D. Dallet / age fotostock

Riad el Arsat.

sur la place. Bureau de change et agence de voyages.

23 **Hôtel Sherazade** – **F4** - *3 derb Jemâa, r. Riad Zitoun el-Kédim - ✆ 05 24 42 93 05 - www. hotelsherazade.com - 23 ch. - petit-déj. 50 DH (4,50 € env.) - réserv. indispensable.* Un lieu agréable, tant pour le cadre de style traditionnel marocain, que pour l'accueil. Vous pourrez vous détendre dans les deux patios verdoyants et fleuris, dans les salons marocains ou sur la grande terrasse. Les chambres, de différentes catégories et toutes différentes, se répartissent sur trois niveaux. Leur prix varie selon l'étage, le confort (certaines sont climatisées) et la saison. Quatre d'entre elles, moins chères *(230 DH-20,50 € env.)*, partagent une salle de bains. Évitez celles qui sont collées à la mosquée voisine ! Belle adresse, mais peut se révéler bruyante.

2 **Hôtel Assia** – **F4** - *32 r. de la Recette - ✆ 05 24 39 12 85 - www. hotel-assia-marrakech.com - 26 ch. - CC - ch. double 350 DH, petit-déj. inclus.* Un hôtel bien situé, dans une ruelle calme et centrale. Très soigné, le cadre allie confort et matériaux traditionnels : zelliges, fer forgé et cuivre, bois et tedlakt jouent sur les camaïeux de beiges et de bruns. Beau patio et terrasse avec vue sur la Koutoubia et l'Atlas. Accueil attentionné.

14 Jnane Mogador Hôtel – ***F4*** - *116 Riad Zitoun el-Kédim, derb Sidi Bouloukat - 05 24 42 63 23/24 - www.jnanemogador.com - 17 ch. - - ch. double 380/480 DH, petit-déj. inclus - réserv. conseillée.* À deux pas de la place Jemâa el-Fna, derrière une magnifique porte du 19e s., se cache un hôtel de charme. Meublées de fer forgé, les confortables chambres s'agencent autour d'un joli patio couvert de zelliges, avec fontaine et colonnes en tedlakt. Celles du r.d.c peuvent toutefois être bruyantes. La terrasse verdoyante, le solarium et le hammam invitent à la détente.

De 500 à 800 DH (45 à 75 €)

12 Hôtel du Trésor – ***F4*** - *77 derb Sidi Bouloukat, r. Riad Zitoun el-Kédim - 05 24 37 51 13 - www.hotel-du-tresor.com - 13 ch. - - à partir de 520 DH la chambre double, petit-déj. inclus.* Une adresse qui tranche dans ce quartier d'hôtels pour petits budgets proche de la place Jemâa el-Fna. Meubles design, belles boiseries et terrasse agréable. Charme et sobriété, le tout à prix doux.

Plus de 2 000 DH (180 € env.)

15 La Maison Arabe – ***E3*** - *1 derb Assehbe, en face de la mosquée de Doukkala - 05 24 38 70 10 - www.lamaisonarabe.com - 26 ch. - - petit-déj. inclus.* Cet ancien restaurant, créé par deux Françaises dans les années 1940 et fréquenté à cette époque par diverses personnalités, a ressuscité sous la forme d'un luxueux hôtel. Ses chambres (certaines avec terrasse, d'autres avec cheminée) s'articulent autour de deux patios où embaume le jasmin. Les salons, aux couleurs chaudes, abondent d'objets précieux. Excellent restaurant *(voir « Se restaurer », p. 49)*. Hammam et massages. Navette gratuite *(10mn de trajet)* pour un magnifique jardin où vous pourrez profiter de la piscine et déjeuner sur place. Stage de cuisine marocaine.

13 Les Jardins de la Médina – ***F5*** - *21 derb Chtouka, Kasbah - 05 24 38 18 51 - www.lesjardinsdelamedina.com - 36 ch. - - petit-déj. inclus.* À l'ombre des remparts et d'un jardin arboré, cet hôtel offre tout le confort moderne sans rien céder au raffinement oriental. Les matériaux traditionnels et la décoration soignée participent à l'élégance du cadre comme des chambres, toutes personnalisées. La plupart possèdent une cheminée, certaines une terrasse. On s'attable en salle ou en terrasse pour savourer une cuisine marocaine et méditerranéenne raffinée. Hammam, centre de beauté et espace fitness.

Plus de 3 000 DH (273 € env.)

16 La Mamounia – ***D4*** - *av. Bab Jdid - 05 24 38 86 00 - www.mamounia.com - 206 ch. - - petit-déj. inclus.* Ce somptueux palace, édifié en 1923, fut fréquenté par une pléiade de célébrités (Churchill, Pasolini,...) et bénéficie toujours d'une renommée internationale. Le plafond de Majorelle, les peintures de Jean Besancenot et les jardins sont encore là pour honorer le passé. Budget trop restreint pour y séjourner ? Allez au moins y prendre un verre.

Maisons d'hôte et riads

Agence de location de riads

Marrakech Riads – ***E3*** - *Dar Chérifa - 8 derb Chorfa Lakbir, Mouassine - ✆ 05 24 42 64 63 ou 05 24 39 16 09 - www.marrakech-riads.com - 8h30-18h30.* A. Aït Ben Abdallah gère 8 riads classés en 3 catégories selon leur aménagement. Comptez de 700 à 1140 DH (65 à 105 € env.) la chambre avec petit-déjeuner, de 1100 à 13 000 DH (100 à 1200 € env.) le riad entier.

Riads au Maroc – ***C3*** - *1 r. Mahjoub Rmiza - Guéliz - ✆ 05 24 43 19 00 - www.riadomaroc.wordpress.com.* Les 12 riads en location sont classés en 5 catégories. Large fourchette de prix allant, en haute saison, de 350 à 3 400 DH (30 à 310 € env.) la chambre.

De 500 à 650 DH (45 à 60 € env.)

17 **Riad Alisma** – ***G4*** - *50 r. de la Bahia, Riad Zitoun el-Jdid - ✆ 05 24 37 89 35 - www.riadalisma.com - 5 ch. - ▤ ✕ - à partir de 50 € la ch. double, repas sur demande (130 DH-12 € env.).* Situé au cœur du quartier historique, cet authentique riad est aux couleurs de terre du désert. La magie opère dès l'arrivée. La discrétion du personnel, la douceur du patio, la décoration simple et élégante des chambres sont les atouts majeurs de cette charmante maison d'hôte.

25 **Riad Al Mamoune** – ***F3*** - *140 derb Aarjane, Rahba Kedima - ✆ 05 24 39 19 58 - www.riadalmamoune.com - 6 ch.* Ce beau riad du 18ᵉ s. se situe tout près de la place Jemâa el-Fna. C'est une agréable demeure d'un cachet fou ! Après un épuisant bain de foule dans la médina, il fait bon se détendre sur la terrasse fleurie ou se prélasser dans le Jacuzzi. Chaque chambre a un décor personnalisé, dans le style marocain. La nuit y est magique avec une multitude de bougies illuminant le patio. Accueil attentionné et bons petits plats mitonnés sur demande.

8 **Dar Zouar** – ***E2*** - *14 derb Mahrouk, Bab Taghzout, Sidi bel Abbès - ✆ 05 24 38 22 85 ou 06 61 24 16 96 - www.darzouar.com - 6 ch. - ✕ CC - copieux petit-déj. - dîner sur commande (180 DH bc).* Bien situé (bus, taxis et parking à proximité) dans le quartier nord, encore authentique, de la médina, ce confortable riad à l'ambiance décontractée et raffinée offre un bon rapport qualité-prix : grand patio décoré de plantes et de peintures colorées, salon avec cheminée, belle terrasse, chambres restaurées avec goût.

De 650 à 800 DH (60 à 73 € env.)

6 **Dar R'Mane** – ***E3*** - *27 derb Snane, r. Sidi el-Yamani - Mouassine - ✆ 05 24 38 54 62 ou 06 22 21 30 75 - www.dar-rmane-marrakech.com - 4 ch. - ▤ ✕ - repas sur commande (150/180 DH-15 € env.).* Une adresse intime et pleine de charme à prix doux. Les chambres s'organisent autour d'un patio très verdoyant où fleurissent orangers et bougainvillées. Matériaux traditionnels, mobilier en bois,

tentures et tapis, vaste salle de bains en tedlakt donnent un certain caractère à l'ensemble. La terrasse, bien aménagée, invite à la détente.

26 **Riad Alamir** – *E3 - 52 Derb My Abdellah Ben Hsein, Bab Ksour - ☏ 05 24 37 67 02 ou 06 51 03 13 93 - www.riadalamir.com - 6 ch.* Bien placé dans la médina, avec un accès direct aux souks. Un riad sobre et raffiné, qui mélange avec bonheur lignes modernistes et traditions marocaines. Chaque chambre porte un nom d'étoile, qui a inspiré sa décoration. Une réussite, tant pour la joliesse du cadre que pour la sérénité des lieux.

19 **Riad Ker Saâda** – *F4 - 28 derb el-Arsa, r. Riad Zitoun el-Jdid, Kennaria - ☏ 05 24 42 63 40 ou 06 70 95 75 66/06 76 36 73 31 - www.riadkersaada.com - 5 ch. - repas sur commande (150 DH-15 € env.).* Voilà une maison d'hôte où il fait bon vivre, dans un quartier paisible, entre la place Jemâa el-Fna et le musée Dar Si Saïd. L'accueil discret et attentionné de Cheriff y est pour beaucoup. Les chambres, très gaies, décorées avec goût, s'organisent autour du ravissant patio, qui fait office de salon et de salle à manger lorsque la terrasse est trop chaude. Une deuxième terrasse offre une vue panoramique. L'hiver, vous dînerez dans le salon intérieur. Excursions dans les environs sur demande.

De 800 à 1 000 DH (75 à 90 € env.)

21 **Riad Sahara Nour** – *D3 - 118 derb Dekkak, Bab Doukkala - ☏ 05 24 37 65 70 ou 06 53 89 42 26 - www.riadsaharanour-marrakech.com - 10 ch. - copieux petit-déj. - repas sur commande (18 ou 22 €, bc).* Ce charmant riad au vaste patio noyé sous les arbres fruitiers est bien plus qu'une simple maison d'hôte. François et Lucile ont fait de leur palais un centre de création artistique, doté d'une bibliothèque remplie de carnets de voyage et d'une salle de musique. Les chambres bénéficient d'une décoration soignée, faite de matériaux nobles, de tapis et de meubles en bois peint. Transfert riad -aéroport gratuit à partir de 2 nuitées consécutives.

22 **Riad Mur Akush** – *D3 - Derb Zaouia 2, Bab Doukkala - ☏ 05 24 37 63 81 - www.riadmurakush.com - 6 ch. - repas sur commande (220 DH-20 € env.).* L'un de meilleurs rapports qualité/prix de la ville dans sa catégorie. Chambres charmantes – toutes différentes – avec leurs multiples recoins, leurs murs en tadelakt et leur mobilier marocain. Elles s'étagent autour d'un plaisant patio, où est servi le petit-déjeuner, à moins que vous ne préfériez le prendre sur la terrasse panoramique. Les repas (sur commande) sont excellents.

20 **Riad Safar** – *E3 - 29 derb Ouihah, Sidi Abdel Aziz - ☏ 05 24 39 10 10/06 61 52 35 57 - www.riadsafar-marrakech.com - 4 ch. - repas sur commande (25 € env.).* Ce superbe riad du 18e s. passe pour être l'un des plus beaux de la médina. Le patio est un sommet de raffinement avec sa fontaine en zelliges, ses linteaux en bois sculpté et ses boiseries. Les chambres, chaleureuses et colorées,

partagent cette élégance. Sur l'agréable terrasse, un bassin permet de se rafraîchir. Hammam et massage *(forfait 220 DH).*

De 1000 à 1500 DH (90 à 135 € env.)

30 **Riad d'Airain** – **D2** - *8 Derb el Hammam Bab Doukkala - 05 24 38 38 20 - www.riad-airain-marrakech.com - 8 ch. - - repas sur commande (15 € déj, 20 € dîner).* Idéalement situé, proche des grands axes et des sites incontournables, ce riad offre un cadre enchanteur. Il est décoré avec raffinement, avec des couleurs chaudes et un ameublement très soigné. Patio, terrasses, piscine et Spa (massages, hammam) contribuent au charme du séjour. Les propriétaires et le personnel, aux petits soins, s'appliquent à offrir une prestation irréprochable!

De 1500 à 2000 DH (136 à 182 € env.)

18 **Riad el Arsat** – **F3** - *10 bis derb Chemaa, r. Arset Loughzail - 05 24 38 75 67 - www.riad-elarsat-marrakech.com - 7 ch. - CC - repas sur commande.* Une incroyable oasis au cœur de la médina! Le pavillon d'été, avec son magnifique plafond en cèdre, et le pavillon d'hiver, avec ses cheminées, encadrent la piscine et un immense jardin où poussent orangers, citronniers, bambous, bougainvillées, figuiers et jasmins. Côté architecture, cette luxueuse propriété mêle avec bonheur les styles européens et orientaux d'inspiration Art déco. Jacuzzi et hammam (en supplément).

Installée dans un petit pavillon à côté de la piscine, la chambre annexe est moins chère *(70 à 90 €).*

GUÉLIZ

Plan détachable à l'intérieur de la couverture.

De 700 à 800 DH (64 à 73 € env.)

3 **Le Caspien** – **B2** - *12 r. Loubnane - 05 24 42 22 82/83 - www.lecaspien-hotel.com - 38 ch. - CC - petit-déj. inclus.* Ce petit hôtel moderne a su préserver une certaine intimité. Chambres confortables et colorées, coquettes avec leurs salles de bains en zelliges et tedlakt. Préférez celles qui donnent sur la cour, à l'arrière, rafraîchie par une piscine.

PALMERAIE

De 2000 à 4000 DH (180 à 360 € env.)

Les Deux Tours – **Hors plan** - *Douar Abiad, à 6 km au nord du centre-ville, après 1 km de piste à partir du circuit de la Palmeraie - 05 24 32 95 27 - www.les-deux-tours.com - 37 ch. - CC - petit-déj. inclus.* Ces six luxueuses villas, disséminées sur 3 ha de palmeraie, roseraie, oliveraie et orangeraie, ont été conçues par Charles Boccara, l'architecte de l'opéra de Marrakech, qui s'est inspiré de l'art hispano-mauresque du 14e s. et des riads de la médina. Chacune s'organise autour d'une cour et d'un jardin embaumant le jasmin et les bougainvillées, d'un bassin où se

S. Frances / hemis.fr

La Villa Maroc.

rafraîchir, d'un salon avec cheminée et de trois à cinq chambres ou suites, dont certaines avec terrasse et cheminée. Hammam et massages.

À ESSAOUIRA

***Plans de la ville* p. 40 et 41**

Louer un appartement

De 500 à 1 500 DH (46 à 136 € env.)

Agence Karimo – ✆ *05 24 47 45 00 - www.karimo.net.* Appartements, riads et maisons à louer à Essaouira et ses environs.

Café-restaurant Essalam – *Pl. Moulay Hassan -* ✆ *05 24 47 55 48 -* ✕. Deux appartements pour quatre personnes situés aux 1er et 2e étages *(500 DH)* et un appartement pour deux adultes et un enfant situé au 3e étage *(400 DH).*

Jack's Apartments – *réservation au Jack's Kiosk - 1 pl. Moulay Hassan -* ✆ *05 24 47 55 38 ou 06 61 09 63 71 - www.jackapartments.com - une dizaine d'appartements et studios et quelques suites -* CC. Aménagés dans deux beaux bâtiments situés rue Ibn Zohr *(impasse perpendiculaire à la rue de la Skala)*, de taille variable *(2 à 10 pers.)*, ces logements, mignons et confortables, sont tous dotés d'une salle de bains et d'une cuisine équipée, certains d'une cheminée, d'autres d'une terrasse. Quelques-uns offrent une vue superbe sur les murailles et l'océan. Le ménage est fait quotidiennement.

Hôtels et riads

De 300 à 500 DH (30 à 45 € env.)

2 **Hôtel Cap Sim** – *11 r. Ibn Rouchd - ✆/fax 05 24 78 58 34 - hotelcapsim.com - 29 ch. - CC - petit-déj. inclus.* Pas de charme particulier, mais un bon rapport qualité-prix. Les chambres se répartissent sur quatre étages autour d'un patio couvert. Dix d'entre elles disposent d'une salle de bains privée *(335 DH-30 € env.).* Préférez une chambre avec fenêtre ouvrant sur l'extérieur, même si trois minarets à proximité peuvent perturber les sommeils légers. Vue magnifique depuis le toit-terrasse.

8 **Hôtel Émeraude** – *228 r. Chbanate - ✆/fax 05 24 47 34 94 - www.essaouirahotel.com - 10 ch. - ✕ CC - petit-déj. inclus - repas sur demande (100/150 DH).* À 2mn à pied de Bab Marrakech, ce dar du 18e s. abrite de petites chambres douillettes très propres, aménagées autour du patio et équipées de lits fermés par des rideaux. Accueil charmant. Petit-déjeuner sur la terrasse au 3e étage avec vue sur la médina. Bon rapport qualité-prix.

12 **Résidence Vent des Dunes** – *villas n° 20 et n° 26, quartier des Dunes - ✆ 05 24 47 53 91 - www.ventdesdunes.com - 13 ch. (à partir de 390 DH) et un appart. (jusqu'à 7 pers.) - ✕ - petit-déj. inclus - repas sur réservation (90 DH).* Située dans un quartier résidentiel, à 5mn à pied de la plage, cette adresse accueillante offre un bon rapport qualité-prix. Ces chambres simples, claires et propres, certaines avec salon ou balcon, sont installées dans une paisible villa entourée de bougainvillées.

10 **Les Matins Bleus** – *22 r. du Drâa - ✆/fax 05 24 78 53 63 - www.les-matins-bleus.com - 8 ch. - ✕ CC - petit-déj. inclus - dîner sur commande (95 DH).* Au cœur de la médina, cette maison de famille souirie constitue une adresse chaleureuse, tenue par deux frères et un cousin, Abdel, Samir et Youssef, les sympathiques propriétaires. Murs blancs, balustrades et portes bleues, mobilier en bois ou en rotin égaient les lieux. Quatre chambres ouvrent sur la terrasse, les autres (dont deux suites), sur le patio. Calme et propreté méticuleuse.

1 **Hôtel Al Fath** – *6-8 r. de la Skala - ✆ 05 24 47 44 92 - 12 ch. - ✕ - petit-déj. inclus. Le prix varie selon l'étage (à partir de 300 DH la ch. double avec sdb au 1er étage, 400 et 500 DH au 2e et 3e étage, vue sur mer).* Près de la place Moulay Hassan, cette vieille demeure aménagée en hôtel offre une vue imprenable sur le port et l'océan. S'il ne reste qu'une chambre sur cour, vous vous consolerez sur la splendide terrasse panoramique. Zelliges fassis et tapis berbères participent au charme de l'ensemble.

De 490 à 650 DH (45 à 60 € env.)

13 **Riad Hôtel Dar El-Qdima** – *4 r. Malek ben Rahal (perpendiculaire à l'avenue de l'Istiqlal), - ✆ 05 24 47 38 58 - www.darqdima.com - 14 ch., autour de 490 DH - ✕ CC - petit-déj. inclus - repas sur commande (à partir*

de 80 DH). Plafonds en eucalyptus, portes en noyer, sols en zelliges fassis, salle de bains en tedlakt... Cette « ancienne maison » *(dar el-qdima)* a été restaurée dans le respect de la tradition. Très sobres, les chambres s'agencent sur deux niveaux autour d'un patio ou sur la terrasse.

5 **Dar Al Bahar** – *1 r. Touahen, quartier San Dion - ✆/fax 05 24 47 68 31 - www.daralbahar.com - 9 ch. - ✕ - petit-déj. inclus - repas sur commande (env. 150 DH).* À deux pas des remparts maritimes, cette maison d'hôte se cache dans un quartier paisible, à l'écart des flots de touristes. Décorée avec goût et originalité, elle est impeccablement tenue, et le service y est attentionné. Certaines chambres donnent sur l'océan déchaîné (*60 €*; attention au vent!), les remparts ou une ruelle. Un duplex douillet pour deux personnes avec salon et cuisine équipée *(870 DH-80 € env.).*

6 **Dar Nafoura** – *30 r. Ibn Khaldoun - ✆ 05 24 47 28 55 ou 06 61 69 70 76 - www.hotelriadessaouira.com - 9 ch. - ✕ CC - petit-déj. inclus - dîner sur commande (130 DH).* Situé à proximité des souks, ce joli riad à l'élégante simplicité dégage une atmosphère intime. Chaque pièce, chambre ou salon, possède sa propre couleur et une décoration personnalisée. L'ensemble ne manque pas de charme.

15 **Riad Zahra** – *90 quartier des Dunes - ✆ 05 24 47 48 22 - www.riadzahra.com - 23 ch., à partir de 580 DH - ✕ CC - petit-déj. inclus.* Inspirée de l'architecture arabo-andalouse avec son joli patio à arcades, cette adresse tient plus de l'hôtel que de la maison d'hôte. Plus ou moins spacieuses, les chambres, aux tons ocre et sable, sont confortables et très bien tenues. Les plus chères jouissent d'une vue sur la mer. Snack-bar près de la piscine et restaurant fermé (à l'abri du vent) sur le toit. Belle piscine.

16 **Villa Flora** – *7 quartier des Dunes - ✆ 05 24 47 39 46 - 9 ch., autour de 650 DH - CC - petit-déj. inclus.* À deux pas de la plage, cette maison familiale compte neuf chambres confortables dotées de terrasses privatives, réparties de part et d'autre d'un agréable jardin fleuri. Terrasse avec vue sur la mer. Accueil très sympathique.

3 **La Casa del Mar** – *35 r. d'Oujda - ✆ 05 24 47 50 91 ou 06 68 94 38 39 - www.lacasa-delmar.com - 6 ch., autour de 650 DH en haute saison - ✕ - petit-déj. inclus.* D'un blanc immaculé et conçue autour d'un puits de lumière, cette maison sent bon le soleil. La belle pièce à vivre, le personnel jovial, l'atmosphère décontractée et la bonne humeur ambiante font que l'on se sent vite chez soi.

De 600 à 1 000 DH (55 à 90 € env.)

4 **Dar Adul** – *63 r. Touahen (perpendiculaire à la rue Laâlouj) - ✆/fax 05 24 47 39 10 ou 06 71 52 02 21 - www.dar-adul.com - 7 ch., à partir de 600 DH - ✕ - petit-déj. inclus - (150/200 DH-14 € env.).* Maison d'hôte intime et harmonieuse installée tout près des remparts maritimes. Pièces confortables, dans les tons bleus,

blancs et ocre, agencées autour du patio et meublées avec soin par les propriétaires. Jolies salles de bains en zelliges. Terrasse sur le toit offrant une vue magnifique sur l'océan. Accueil chaleureux.

À partir de 800 DH (75 € env.)

18 **Villa Quieta** – *86 bd Mohammed V (entrée rue Moulay Ali Chérif) - ✆ 05 24 78 50 04/05 - www.villaquietaessaouira.com - 12 ch. -* CC *- petit-déj. inclus.* Cette opulente villa, achevée en 1980 par un riche industriel pour y loger ses invités, a été transformée en maison d'hôte en 1996. Mobilier en thuya ou bois peint, tapis et objets d'art ont été choisis avec soin. Confort, ambiance feutrée et accueil distingué sont les qualités dominantes qu'apprécie une clientèle d'habitués. Les chambres sont spacieuses, certaines bénéficiant d'une vue sur la mer. Fastueux salons marocains, belle terrasse face à l'océan et jardin.

À partir de 1 250 DH (115 € env.)

9 **Madada Mogador** – *5 r. Youssef el Fassi - ✆ 05 24 47 55 12 - www.madada.com - 7 ch. -* CC *- petit-déj. inclus.* Conçue par le décorateur du Comptoir Paris-Marrakech, cette maison d'hôte tranche par la modernité de son style, qui met les matériaux traditionnels au service des lignes épurées et de l'harmonie des tons. Confort et élégance sont ici les maîtres mots. Une vaste terrasse domine les remparts, entre la plage et le port. Certaines chambres *(155 € avec vue sur la mer)* ont, en plus, une terrasse privée. Restaurant avec spécialités de poisson.

À partir de 1320 DH (120 € env.)

17 **Villa Maroc** – *10 r. Abdallah ben Yassine - ✆ 05 24 47 61 47 - www.villa-maroc.com - 21 ch. -* CC. Ce délicieux hôtel de charme se compose de quatre riads du 18e s. contigus et restaurés avec beaucoup de goût. C'est un dédale de vieux escaliers, de patios noyés de verdure, de salons où l'on sert les repas au coin du feu *(220 DH-20 € env.)*, de terrasses et de recoins intimes. Les chambres, décorées et équipées avec simplicité, possèdent chacune leur originalité. La grande terrasse offre une vue magnifique sur la mer. L'hôtel abrite un espace bien-être (hammam, Spa et massages) ouvert aux non-résidents.

Marrakech pratique

Calèche devant les remparts de Marrakech.
N. Tondini / DanitaDelimont.com / Danita Delimont Agency / age fotostock

Préparez votre voyage

FORMALITÉS D'ENTRÉE

Lors de votre entrée sur le territoire, vous devrez remplir une fiche administrative (durée, lieu et motif du séjour).

Papiers d'identité – Pour les ressortissants de l'Union européenne et de la Suisse, seul un passeport en cours de validité est exigé. La durée d'un séjour de tourisme ne doit pas dépasser trois mois.

Visa – Les ressortissants de l'Union européenne, de la Suisse et du Canada n'en ont pas besoin pour un séjour inférieur à trois mois.

Douanes – Les principales restrictions douanières à l'entrée sont : 2 l de vin ou 1 l d'alcool fort, 200 cigarettes (soit une cartouche) ou 50 cigares ou 250 g de tabac. Parmi les articles qui doivent être déclarés figure le matériel de tournage ou de photographie (s'il est volumineux). Pensez à emporter les factures de vos appareils; on pourrait vous les demander.

ALLER EN AVION

L'**aéroport Marrakech-Ménara** se trouve à 6 km au sud-ouest du centre de Marrakech (*p. 3*). Bon à savoir avant de faire des emplettes, vous avez généralement droit à 23 kg de bagages en soute sur les vols réguliers en classe économique. Pour les vols *low cost*, il faut payer un supplément pour un bagage en soute, renseignez-vous auprès de la compagnie car les tarifs varient.

Compagnies régulières

Royal Air Maroc et Air France se partagent les liaisons avec le Maroc.

Royal Air Maroc (RAM) – 0 820 821 821 - Au Maroc : 08 9000 0800 - www.royalairmaroc.com - 38 av. de l'Opéra, 75002 Paris - 134 bd Émile Jacqman, 1000 Bruxelles - r. Chantepoulet 4, 2035 Genève.

Au Canada : 75 Sherbrooke Ouest - Montréal - 1800 361 75 08.

De Paris (Orly), plusieurs vols par jour vers Marrakech (env. 3h05).

Il existe aussi des liaisons (directes ou *via* Casablanca) de Bordeaux, Lyon, Nantes, Toulouse et Strasbourg pour Marrakech.

De Montréal, plusieurs vols hebdomadaires vers Marrakech avec escale à Casablanca (env. 9h30).

Air France – 3654 - www.airfrance.fr. Au départ de Paris (Roissy), vol quotidien pour Marrakech avec escale à Casablanca (env. 5h); au départ de Lyon, Marseille et Toulouse, plusieurs vols hebdomadaires pour Marrakech avec escale à Casablanca.

Compagnies à bas coût

Pour comparer les prix des billets d'avion et trouver quelle compagnie *low cost* dessert Marrakech ou Essaouira, consultez le site www.flylc.com.

Transavia – ✆ 0 892 058 888 - www.transavia.com. Cette filiale *low cost* d'Air France dessert, au départ de Lyon, Nantes, Paris (Orly) et Strasbourg, l'aéroport de Marrakech (env. 3h10) et au départ de Paris (Orly) l'aéroport d'Essaouira.
Easyjet – ✆ 0820 420 315 - www.easyjet.fr. Liaison régulière vers Marrakech au départ de Bordeaux, Bâle-Mulhouse, Genève, Nice, Paris (Roissy) et Toulouse.
Jetairfly – France ✆ 0 899 190 043 - Belgique ✆ 090 388 945 - Maroc ✆ 0 890 404 404 - www.jetairfly.com. Vols pour Marrakech au départ de Bordeaux, Brest, Marseille, Paris (Orly et Roissy), Toulouse et Bruxelles.
Ryan Air – ✆ 0892 562 150 (France), ✆ 0902 33 660 (Belgique) - www.ryanair.com. Chaque semaine, plusieurs vols directs entre Paris-Beauvais ou Marseille et Marrakech. Ryanair effectue aussi des vols au départ de Dole, Poitiers et Tours vers Marrakech. Il existe également une liaison directe de Marseille vers Essaouira.

Comparateurs de vols et centrales de réservation sur Internet

Ces sites permettent de comparer les vols et les séjours, ils proposent souvent des tarifs intéressants, des occasions de dernière minute ou des packages « avion + hôtel ».
Airportail – www.airportail.com.
Expedia.fr – ✆ 01 57 32 49 86 - www.expedia.fr.
Bourse des vols – ✆ 0899 650 649 - www.bourse-des-vols.com.
Ebookers – ✆ 0892 234 235 - www.ebookers.fr.
Last Minute – ✆ 0892 68 61 00 - www.lastminute.com.
Liligo – www.liligo.fr.
Opodo – ✆ 0 899 86 99 88 - www.opodo.fr.

Voyagistes

Comptoir des Voyages – 2-18 rue St-Victor - 75005 Paris - ✆ 01 53 10 30 15- www.comptoir.fr. Circuits organisés sur mesure.
Croq'nature – Différents séjours autonomes et randonnées accompagnées avec une approche de voyage équitable et en participant au développement local - ✆ 05 62 97 01 00 - www.croqnature.com.
Evaneos – Voyages sur mesure avec une agence locale - ✆ 01 84 17 73 35 - www.evaneos.com.
Voyageurs au Maroc – Plusieurs agences en France - ✆ 01 42 86 16 00 - ✆ 02 543 95 50 (Belgique) - ✆ 022 518 04 94 (Suisse) - www.

Pas de panique !

Pompiers, ambulances : *✆ 15.*
Police secours : *✆ 19.*
Commissariat central Marrakech : *✆ 05 24 43 00 89/05 70.*
SOS Médecins : *✆ 05 24 40 40 40*
Gendarmerie royale : *✆ 177 (hors agglomération).*
SAMU régional : *✆ 05 24 42 24 46/51.*
Perte ou vol de cartes bancaires :
Centre d'opposition national : ✆ 71 840 680 ou ✆ 71 841 680
Visa : ✆ 002 11 0011 puis 866 654 0163. Master Card et Maestro : ✆ 0011 636 722 7111
American Express : ✆ 01 47 77 70 00 (France)

voyageursdumonde.fr. Circuits accompagnés et voyages sur mesure. Ceux qui souhaitent découvrir une partie de la région à pied peuvent s'adresser aux voyagistes suivants (membres de « Agir pour un tourisme responsable ») qui organisent différentes randonnées de niveaux variés – de la balade facile au trek ardu – au départ de Marrakech vers le Haut-Atlas ou d'Essaouira vers la côte atlantique.

Allibert Trekking – Plusieurs agences en France - ✆ 04 76 45 50 - ✆ 02 318 32 02 (Belgique) - www.allibert-trekking.com.

Atalante – Agences à Lyon ✆ 04 72 53 24 80, Paris ✆ 01 55 42 81 00 et Bruxelles ✆ 02 627 07 97 - www.atalante.fr.

La Balaguère – ✆ 05 62 97 46 46 - www.labalaguere.com.

Nomade Aventure – Plusieurs agences en France - ✆ 0825 701 702 - www.nomade-aventure.com.

Terres d'aventure – Plusieurs agences en France ✆ 0 825 700 825 - ✆ 02 543 95 60 (Belgique) - ✆ 022 518 05 13 (Suisse) - www.terdav.com.

ARGENT

Devises – La monnaie officielle est le **dirham** (DH), divisé en 100 centimes. À l'heure où nous publions ce guide, 11 dirhams valent environ 1 euro. Attention : il est interdit d'importer ou d'exporter de la monnaie marocaine. À l'entrée du territoire, vous devez déclarer le montant de vos devises importées sous forme de billets de banque si celui-ci est égal ou supérieur à l'équivalent de 100 000 DH. Sachez qu'à la sortie du pays, s'il vous reste des dirhams, vous ne pourrez pas changer plus de la moitié des sommes changées lors de votre séjour (sur présentation des bordereaux de change) ; pensez donc bien à conserver les reçus et les factures de retrait. Informations sur la douane marocaine, www.douane.gov.ma.

Change – Vous pouvez changer de l'argent dans tous les aéroports, les banques, les grands hôtels et auprès des bureaux de change. Les taux sont souvent plus intéressants dans les banques privées qu'à la banque centrale (Bank al-Maghrib).

Carte de paiement – Les hôtels, restaurants et magasins d'un certain standing acceptent les principales cartes bancaires internationales (Visa, Mastercard), mais très rarement l'American Express. En revanche, beaucoup d'établissements vous facturent une commission de 4 à 5 % si vous payez par carte. Sachez toutefois que la plupart des achats et des services se règlent en espèces. Vous n'aurez aucun mal à trouver un distributeur à Marrakech ou Essaouira. Soyez prévoyant car ils ne sont pas toujours suffisamment approvisionnés. Aussi, lorsqu'ils fonctionnent, mieux vaut tirer de l'argent pour plusieurs jours. Autre précaution : informez-vous auprès de votre banque, avant de partir, du plafond autorisé pour vos paiements et retraits et de la commission appliquée sur chaque retrait.

Chèques de voyage – Très pratiques, ils sont acceptés dans la plupart des banques et grands hôtels, ainsi que dans certaines agences de voyages. La majorité des grandes banques ne prennent pas de commission.

SAISONS ET CLIMAT

Évitez de visiter **Marrakech** en été, il y fait très chaud et les touristes sont légion; venez plutôt au **printemps** ou au début de **l'automne**, les températures sont très agréables.
Si vous souhaitez vous dorer au soleil à **Essaouira**, partez **entre début mai et début septembre**.
Le climat de la côte atlantique est très humide, surtout en hiver, mais modéré. À l'intérieur du pays, le climat se fait de plus en plus continental à mesure que l'on s'enfonce dans les terres; la température peut varier de 40 °C en été à 4 °C en hiver. Les pluies sont rares et sporadiques.

POUR EN SAVOIR PLUS

Offices de tourisme à l'étranger

France – Office du tourisme du Maroc - 161 r. St-Honoré - 75001 Paris - ✆ 01 42 60 63 50 - www.visitmorocco.com - lun.-vend. 9h-17h.
Belgique – Av. Louise 402 - 1050 Bruxelles - ✆ (02) 646 63 20.
Suisse - Office du tourisme marocain - Schifflände 5 - 8001 Zurich - ✆ 44 252 77 52.
Canada - Office national marocain du tourisme - 1800 av. McGill College, suite 2450 - Montréal - ✆ (514) 842 81 11.

Organismes à Marrakech

Office de tourisme – Pl. Abdelmoumen ben Ali (Guéliz) - ✆ 05 24 43 61 31 - lun.-vend. 8h30-16h30.
Conseil régional de tourisme – Pl. Youssef ben Tachfine, médina - ✆ 05 24 38 52 61.

Délégation provinciale du tourisme à Essaouira

Office de tourisme – 10 r. du Caire - ✆ 05 24 78 35 32 - lun.-vend. 8h30-16h30.

Sites Internet

Actualités – www.lopinion.ma, www.lematin.ma, www.libe.ma, www.maroc-hebdo.press.ma.
www.ambafrance-ma.org – Informations générales, histoire, culture, revue de presse quotidienne sur le site de l'ambassade de France au Maroc.
www.tourisme.gov.ma – Site du ministère du Tourisme du Maroc.
www.visitmorocco.com – Site de l'office du tourisme du Maroc.
www.travel-in-morocco.com – Liste d'hôtels et de restaurants, location de voitures, musées et loisirs.
www.riads.fr – Une sélection de riads.

Votre séjour de A à Z

BANQUES

« Argent », p. 82 et « Horaires », p. 85.

Marrakech – Dans la médina, plusieurs banques sont regroupées autour de la **place Jemâa el-Fna** et le long des rues Moulay Ismaïl ou Bab Agnaou. Dans le **Guéliz**, plusieurs banques sur l'avenue Mohammed V ou sur le boulevard Zerktouni. L'hôtel Ali (voir Hébergement) dispose d'un bureau de change bien pratique; formalités ultra rapides.

Essaouira – Vous trouverez plusieurs banques dotées de distributeurs à proximité immédiate de la **pl. Moulay Hassan** : Banque populaire, Banque commerciale du Maroc, Crédit du Maroc et BMCE (sur la r. El Hajjali). On trouve aussi la Wafa Bank et la Société générale sur l'**av. Oqba Ibn Nafia**, ainsi qu'une agence de la Banque populaire sur l'**av. al-Massira al-Khadra** (ville nouvelle). Si les distributeurs sont à sec, vous pouvez changer de l'argent dans un grand hôtel.

CALÈCHE

La calèche peut être un moyen de locomotion agréable et original dans les rues de Marrakech et d'Essaouira.

Marrakech – Stations en face de la plupart des grands hôtels, sur la place Jemâa el-Fna et à Bab Doukkala. N'oubliez pas de fixer le prix de la course avant le départ et de marchander fermement le cas échéant : le tarif horaire ne devrait pas dépasser 100 DH (9 € env.).

« La palmeraie », p. 35.

Essaouira – La principale station de calèches se tient à l'extérieur de Bab Doukkala, le long du cimetière chrétien.

CONSULATS

France – ***A4*** - R. el-Jahed - Marrakech - ✆ 05 24 38 82 00 - www.consulfrance-ma.org - lun.-vend. 8h-16h. Permanence téléphonique pour les cas graves ou urgents : ✆ 06 61 34 42 89.

Belgique – Circuit de la palmeraie - Palmeraie Golf Palace - Marrakech - ✆ 05 24 36 87 61 - www.diplomatie.be - lun.-vend. 8h30-12h, 14h30-18h.

DÉCALAGE HORAIRE

L'heure locale est celle du méridien de Greenwich. Lorsqu'il est 12h en France, il est 11h au Maroc en hiver, 10h en été.

EAU POTABLE

Il est plus prudent de s'en tenir à l'eau en bouteille et d'éviter les glaçons en dehors des établissements touristiques. Goûtez l'eau minérale Sidi Harazem, Sidi Ali ou l'eau gazeuse Oulmès.

ÉLECTRICITÉ

Le courant est de 220 volts. Comme en Europe, les prises sont à deux fiches rondes.

HAMMAM

p. 66 et 119.

HÉBERGEMENT

« Se loger », p. 68 et « Le riad », p. 118.
Les petits hôtels proposent des chambres correctes, très sommairement meublées, avec douches sur le palier, pour 140-200 DH (13-20 € env.). Dans de nombreux établissements classés, avec un service de qualité, le prix d'une chambre double s'élève à environ 300-500 DH (30-45 € env.). Il faut compter un minimum de 650 DH (60 € env.) à deux pour dormir dans un riad, mais le prix moyen se situe plutôt autour de 1200 DH (110 €) à Marrakech. Quant aux palaces (comme celui de La Mamounia, à Marrakech), ils affichent des tarifs supérieurs à 3000 DH (270 € env.).

HORAIRES

La semaine de travail des Marocains est identique à celle des Occidentaux, avec une **pause** plus longue **en milieu de journée le vendredi**, jour saint de l'islam (celui de la prière collective). Les entreprises et administrations ferment le samedi et le dimanche. Durant le ramadan, les bureaux ouvrent de 9h à 16h.
« Ramadan », p. 88.

Administrations – Les administrations ouvrent de 8h30 à 12h et de 14h à 18h30. Le vendredi, elles ferment entre 12h et 15h.
Banques – Du lundi au vendredi, de 8h15 à 11h30 et de 14h15 à 16h en hiver, de 8h à 11h30 et de 15h à 17h en été. Le vendredi, de nombreuses banques ne reprennent après le déjeuner qu'à 15h. Durant le mois du ramadan, elles sont ouvertes sans interruption de 9h30 à 14h.
Magasins – Les magasins ouvrent de 9h à 12h et de 14h30 (ou 15h) à 19h (ou 20h). Ils ferment le dimanche, et parfois le samedi ou le lundi. Les boutiques des médinas restent souvent fermées le vendredi de 14h30 à 15h, quelques-unes, toute la journée.
Bureaux de poste – Ils fonctionnent généralement du lundi au vendredi, de 8h30 à 18h30.
Restaurants – Les jours de fermeture sont variables. À Marrakech, les restaurants ferment souvent le lundi.
Musées, monuments et sites – La majorité des musées sont ouverts tous les jours sauf le mardi de 9h à 12h et de 14h30 à 18h. Le vendredi, beaucoup de medersa (écoles coraniques) ferment leurs portes à midi.

INTERNET

Marrakech – Vous trouverez des cybercafés dans la médina, notamment rue Bab-Agnaou, et dans la ville nouvelle, autour de la place du 16 Novembre. Bornes Internet gratuites dans le jardin historique Arsat Moulay Abdeslam

(av. Mohammed V), également appelé Cyber parc. Comptez environ 10 DH (0,90 €)/h. La plupart des hôtels disposent d'un réseau wifi gratuit : il suffit de s'y connecter avec son smartphone, iPod, iPad ou ordinateur portable. C'est la solution la plus simple et la moins chère.
Essaouira – Les cybercafés d'Essaouira bénéficient tous d'une connexion ADSL et sont généralement ouverts tous les jours de 9h à 23h. Comptez entre 8 et 10 DH (0,70-0,90 €)/h. Voici quelques adresses : **Amine Space**, au fond d'une impasse perpendiculaire à la rue Laâlouj ; **Club Mogador** - 8 bis r. du Caire ; **Essaouira Informatique Cyber** - 127 r. Med el-Qorry ; **Hich@m.net** - r. Abdelaziz el Fechtaly.

JOURS FÉRIÉS

1er janvier : Jour de l'an grégorien
11 janvier : manifeste de l'Indépendance
1er mai : fête du Travail
30 juillet : fête du Trône (intronisation du roi Mohammed VI)
20 août : anniversaire de la Révolution
23 août : anniversaire du roi Mohammed VI/Fête de la jeunesse
6 novembre : commémoration de la Marche verte
18 novembre : commémoration de l'Indépendance (retour d'exil de Mohammed V)
À ces fêtes laïques s'ajoutent les fêtes religieuses. Leur date est calculée à partir du calendrier musulman (lunaire) et varie d'année en année par rapport au calendrier grégorien *(voir p. 107)*.

MARCHANDAGE

Le marchandage obéit à des codes, même si chacun, commerçant et client, use de ses propres astuces. D'une manière générale, un marchandage est « réussi » lorsque les deux parties sont satisfaites de leur transaction. Une bonne technique consiste à se renseigner auparavant sur la valeur de l'objet, à décider de la somme qu'on est prêt à dépenser pour l'obtenir et à s'y tenir. Cela permet d'éviter tout débordement dans le feu de l'action. Vous êtes content de votre achat ? Ne cherchez pas à savoir, une fois l'affaire conclue, si vous vous êtes fait « arnaquer » : vous trouverez toujours quelqu'un pour vous l'affirmer, même si c'est faux !
Par ailleurs, ce n'est pas parce que l'on se trouve dans un pays arabe qu'il faut systématiquement tout marchander. Si le marchandage est fortement recommandé dans les souks, et même nécessaire, il peut être malvenu dans les boutiques affichant des prix fixes. Attention également à ne pas sous-évaluer le travail des Marocains par un marchandage à outrance.
En basse saison, il est généralement possible de discuter le prix des chambres.

MÉDIAS

Presse

Les kiosques et les boutiques des sites touristiques et des hôtels vendent un large éventail de publications nationales éditées en

français, ainsi que des quotidiens et magazines importés de l'Hexagone.
Pour connaître un peu mieux le pays, lisez les journaux marocains édités en français : *L'Opinion*, *Le Matin*, *Le Matin du Sahara*, *Libération*, *El-Bayane* et *Al-Maghrib*. Les principaux magazines mensuels sont *L'Événement du Maroc*, *Le Temps au Maroc*. Très apprécié de la jeunesse marocaine, *Tel quel* est l'un des seuls magazines politiques un peu critiques du Maroc. Dans le même style, le *Journal hebdomadaire* ose aborder des sujets généralement évités par la presse marocaine.
Parmi les magazines féminins, citons *Citadine*, *Femmes du Maroc*, *Famille actuelle* et *Ousra Magazine*.
Parmi les quotidiens français, on trouve *Le Monde* et *Libération* (imprimé le jour même à Casablanca) ; pour les magazines, *Le Nouvel Observateur*, *L'Express*, *Paris Match*...

Radio

Les stations locales, peu nombreuses, émettent en arabe et en français.
Si vous disposez d'un bon appareil, vous pourrez capter plusieurs radios françaises : Europe 1, France Culture, France Info...

Télévision

Il existe deux chaînes gouvernementales : TVM et 2 M. La première, généraliste, émet autant de programmes en arabe qu'en français. La seconde diffuse des films dans les deux langues. La chaîne francophone par satellite TV5 Monde propose des programmes français, belges, suisses et canadiens. Sur la côte nord, les habitants captent les chaînes espagnoles. L'expansion des paraboles en ville et dans certaines campagnes est impressionnante. Celles-ci offrent l'accès à des dizaines de chaînes étrangères, dont TF1, France 2, Euro News, Euro Sport...

POSTE

« Horaires », p. 85.

Timbres

Les timbres sont vendus à la poste et dans certains kiosques à journaux. Si le courrier parvient toujours à son destinataire, le délai est relativement long. Il faut compter une semaine pour l'Europe, deux pour les États-Unis. Pour envoyer une lettre (jusqu'à 20 g) ou une carte postale en Europe, il vous en coûtera 7,80 DH (0,70 € env.).

Expédier ses achats

Les colis inférieurs à 20 kg et dont les côtés mesurent moins de 1,5 m peuvent être expédiés par la poste.
Les expéditions par voie terrestre coûtent beaucoup moins cher que par voie aérienne mais sont très lentes.
Vous trouverez dans la majorité des postes un service rapide qui assure un délai inférieur à 24h.

Postes centrales

Marrakech – Poste centrale - pl. du 16 Novembre - Guéliz ; un grand bureau place Jemâa el-Fna, dans la médina - lun.-vend. 8h-16h15, sam. 8h-11h45.
Essaouira – Poste centrale - à l'angle des avenues el-Mouqaouama et Lalla Aïcha, dans la ville nouvelle - lun.-vend. 8h-15h45, sam. 8h-12h.

POURBOIRE

Il est de bon ton de laisser un pourboire au café et au restaurant (2 à 10 DH-0,20 à 0,90 € env.). Pour les chauffeurs de taxi, les gardiens de voitures, les pompistes, les femmes de ménage, les bagagistes... le pourboire est indispensable (2 à 5 DH-0,20 à 0,45 € env.) : il complète leur maigre salaire.

RAMADAN

Durant le mois sacré du ramadan *(voir p. 107)*, les habitudes de vie des Marocains changent. Les administrations publiques et les banques ferment plus tôt (à 14h ou 15h), les boutiques, closes la journée pendant cette période, n'ouvrent que le soir après la rupture du jeûne et jusque tard dans la nuit.

RESTAURATION

« Pourboire » ci-dessus, « Se restaurer », p. 46 et « Gastronomie », p. 129.

Dans les hôtels

La plupart des hôtels classés proposent des formules en demi-pension ou en pension complète. En règle générale, les buffets sont très variés et la cuisine, de qualité. Mais on n'est jamais à l'abri de mauvaises surprises... Les grands établissements disposent parfois de plusieurs restaurants : préférez le marocain.

Dans les restaurants

Vous trouverez un peu partout des **gargotes** proposant tajines et couscous bon marché : entre 30 et 50 DH (2,50 à 4,50 € env.). L'accueil est, le plus souvent, avenant et souriant ; quant au cadre, il se compose généralement d'un plafond éclairé au néon et de nappes fleuries en plastique. En matière d'authenticité, vous ne trouverez pas mieux ! Le prix d'un repas tourne autour de 150 DH (14 € env.)
Les **grands restaurants** marocains sont très nombreux dans les régions touristiques, notamment à Marrakech, où vous trouverez aussi des restaurants de cuisine étrangère, française, ou encore italienne, espagnole, asiatique, mexicaine... Avec un minimum de 300 DH (30 € env.) par personne, vous mangerez dans des établissements plus chic, qui offrent généralement un cadre, un service et une table raffinés. Enfin, si vous optez pour un repas dans un **restaurant de luxe** au cadre féerique, l'addition atteint jusqu'à 700 DH (65 € env.) par personne, hors boissons à Marrakech.

Alcool

Bien que l'alcool soit prohibé par l'islam, le Maroc est producteur de vin et de bière. Pour les restaurants, la licence est plus ou moins difficile à obtenir selon les villes. De nombreux restaurants proposent du vin à Marrakech et quelques-uns à Essaouira.

SANTÉ

Numéros d'urgence dans l'encadré « Pas de panique ! », p. 81.

Vaccination
Aucune vaccination n'est exigée pour les ressortissants européens. Toutefois, il est toujours prudent d'être vacciné contre la diphtérie, le tétanos, la poliomyélite et la typhoïde ainsi que contre les hépatites A et B. Consulter le site *www.astrium.com*
Pour tout renseignement :
Centre médical de l'Institut Pasteur – 209-211 r. de Vaugirard - 75015 Paris - ✆ 0890 710 811 - www.pasteur.fr - lun.-merc. et vend. 9h-16h30, jeu. 10h-16h30, sam. 9h-11h30. Vaccinations sans rendez-vous.

Maladies
Il n'y a pas de risques particuliers à Marrakech et à Essaouira. La tourista (diarrhée) demeure cependant le trouble le plus fréquent.

Précautions élémentaires
L'eau n'est pas potable ; si vous voyez des Marocains en boire, souvenez-vous qu'ils en ont l'habitude. Pour réduire le risque de diarrhée, lavez bien les fruits et légumes, épluchez-les et ne buvez que de l'eau minérale. En dehors des lieux touristiques, évitez les glaçons, qui sont souvent faits à partir d'eau du robinet. Enfin, même si on ignore le nombre de malades, le sida s'est considérablement répandu ces dernières années. Prenez donc les précautions d'usage ; on trouve des préservatifs dans les pharmacies des grandes villes et des stations balnéaires.

Trousse à pharmacie
On trouve la plupart des médicaments courants dans les pharmacies des grandes villes marocaines.

Services médicaux
L'infrastructure médicale des villes s'est considérablement développée. Néanmoins, en cas de graves problèmes de santé, préférez le rapatriement. Le consulat de France à Marrakech fournit sur son site Internet une liste de médecins à Marrakech et à Essaouira *p. 84.*
Marrakech – Polyclinique du Sud – 2 r. de Yougoslavie - Guéliz - ✆ 05 24 44 79 99
Essaouira – Hôpital Sidi Mohammed ben Abdellah - bd de l'Hôpital - ✆ 05 24 47 57 16/20 47 (urgences 24h/24).

SAVOIR-VIVRE

Politesse – Apprenez quelques mots en arabe, notamment des salutations courantes *(voir lexique à l'intérieur du premier rabat de couverture).* Cela fera toujours plaisir même si de nombreux Marocains sont francophones.
À table – Chez l'habitant, il est de règle de respecter certaines coutumes. Pour se servir, on n'utilise que le pouce, l'index et le majeur de la main droite. Des morceaux de pain servent à saucer ou à prendre viande et légumes. Si cette méthode vous paraît difficile, n'ayez crainte : les Marocains sont habitués à recevoir des étrangers et vous proposeront un couvert individuel. Vous ne serez contraint de vous soumettre à ces règles que lors d'une *diffa*, repas de fête qui donne lieu à tout un cérémonial.
Thé à la menthe – Il est offert en signe d'hospitalité. Il est malvenu

de le refuser, même si on vous en propose à plusieurs reprises.

Ramadan – Durant cette période, les croyants sont fatigués et affamés, surtout en fin de journée. Abstenez-vous donc de manger, de boire ou de fumer en public avant la rupture du jeûne.

Alcool – Évitez de proposer de l'alcool à quelqu'un que vous ne connaissez pas ; vous êtes en pays musulman.

En couple – Les couples marocains se contentent de marcher main dans la main ou bras dessus, bras dessous. Aussi évitez les effusions de tendresse, autrement dit les baisers et gestes « osés ». Petite remarque : vous verrez souvent deux hommes ou deux femmes se tenir par la main ou un doigt. Cela n'est pas un signe d'homosexualité, mais de fraternité inhérente à la communauté musulmane.

Attention à certaines conversations – Si les Marocains sont tolérants et ouverts, quelques sujets demeurent sensibles ou tabous. Nul ne critique ouvertement la monarchie, l'intégrité territoriale (Sahara occidental) ou l'islam, qui sont les principaux symboles de la cohésion nationale. Vous risqueriez de provoquer un grand malaise en abordant ces sujets.

Photo – Si vous souhaitez prendre des personnes en photo, demandez leur autorisation.

Vêtements – Dans les grandes villes comme Marrakech ou Essaouira, tous les types de vêtements sont portés : djellabas, jupes moulantes et costumes se côtoient naturellement. Aussi, habillez-vous comme bon vous semble, sans pour autant choisir des vêtements provocants ou ostentatoires. Préférez les pantalons ou bermudas aux shorts courts, les pulls ou tee-shirts aux débardeurs et bustiers. À la plage, oubliez le monokini.

Accès aux lieux saints – Au Maroc, l'accès aux lieux saints est interdit aux non-musulmans ; respectez donc cette règle. Cette loi a été promulguée lors du protectorat français par le résident général Lyautey, qui souhaitait le respect du peuple colonisé.

TAXI

« Arriver à Marrakech », p. 3.

Les petits taxis – Contrairement à Marrakech (où les chauffeurs guettent les touristes), sachez qu'ils sont rares à Essaouira et qu'ils ne circulent que dans la ville moderne. On les repère à leur couleur : bleu à Essaouira, beige à Marrakech...

Le chauffeur est tenu de mettre son compteur en marche (au départ, ce dernier doit afficher 1,70 DH en journée et 2,40 DH la nuit). S'il refuse de le faire, changez simplement de taxi. Le **prix minimal d'une course** à **Marrakech** est de 7 DH de jour et 10 DH de nuit (comptez 15 DH env. pour un trajet entre la médina et le Guéliz). Les tarifs doublent la nuit. Les petits taxis prennent au plus trois personnes et effectuent un trajet inférieur à 40 km. Pour une distance plus longue, prenez un grand taxi. Si vous êtes seul, prenez place à l'avant, à côté du chauffeur.

Les grands taxis – Ces vieilles américaines ou Mercedes blanches assurent les transports collectifs dans les **zones interurbaines**. Les prix sont fixes et le départ n'a lieu que lorsque le taxi est complet (six clients). Si vous êtes pressé ou souhaitez partir seul, le chauffeur consentira à vous prendre si vous payez les places des absents. Vous pouvez également louer le taxi pour une journée entière, pour une excursion par exemple, auquel cas vous devrez négocier fermement avant le départ. Cette solution revient moins cher que la location d'une voiture (renseignez-vous sur les tarifs des agences), vous évite quelques sueurs froides au volant et vous fait bénéficier en prime des conseils et des connaissances du chauffeur.

TÉLÉPHONE

De l'étranger vers le Maroc

✆ 00 + 212 + le numéro de votre correspondant sans le 0 initial (ce qui fait un numéro à 9 chiffres).

Du Maroc vers l'étranger

✆ 00 + l'indicatif du pays (33 pour la France, 32 pour la Belgique, 41 pour la Suisse, 1 pour le Canada) + le numéro de votre correspondant (sans le 0 pour la France).

Tarifs – Pour appeler la France et la majorité des pays d'Europe, comptez près de 14 DH (1,30 € env.)/mn. Une réduction de 40 % est appliquée du lundi au vendredi de 0h à 7h, le samedi toute la journée sauf entre 7h et 12h30, ainsi que le dimanche et les jours fériés. En semaine, vous bénéficiez d'une réduction de 20 % si vous téléphonez entre 22h et 0h.

À l'intérieur du Maroc

Depuis 2009, tout appel (local ou interurbain) se compose de **10 chiffres** (au lieu de 9 auparavant). Le numéro commence par **0**, puis vient désormais le **5** (pour les postes fixes) ou le **6** pour les portables.

Tarifs – Pour une communication locale à partir d'un téléphone public, comptez 1,5 DH (0,14 € env.)/12mn. Les tarifs sont réduits de 40 % du lundi au vendredi de 20h30 à 0h, le samedi de 12h30 à 0h, ainsi que les dimanche et jours fériés. Une réduction de 50 % est accordée de 0h à 7h, et de 10 % entre 12h30 et 14h.

Téléphone mobile

Le Maroc est couvert par trois réseaux de téléphonie mobile, **Maroc Telecom (IAM)**, **Méditel** et **Inwi** qui ont des accords avec la majorité des opérateurs étrangers. Votre mobile se connecte automatiquement à l'un ou l'autre à votre arrivée sur le territoire marocain. Les opérateurs français proposent diverses options internationales, selon votre forfait habituel, mais attention, les appels hors forfait sont souvent chers ! Il est généralement plus économique de passer un coup de fil d'une téléboutique ou de se procurer une carte SIM locale auprès de l'un des opérateurs (à partir de 30 DH), à condition que son téléphone portable soit débloqué. Vous introduisez la puce dans votre appareil qui vous donnera accès au réseau marocain. Vous disposerez alors d'un numéro local et vous pourrez recharger votre crédit grâce à des cartes prépayées de différents montants à partir de

20 DH. Les cartes et puces sont en vente dans les boutiques Maroc Telecom, Méditel, Inwi et dans de nombreux commerces. Une formule très intéressante si vous devez téléphoner souvent au Maroc.
Maroc Telecom – www.mobileiam.ma.
Méditel – www.meditel.ma.
Inwi – www.inwi.ma.

Téléboutiques et cabines téléphoniques

La ville dispose de publiphones à carte. Les choses se compliquent un peu cependant du fait que des compagnies privées (Afric Phone, AVE, etc.) ont installé des cabines dans des kiosques fonctionnant avec des cartes différentes de celles que l'on peut se procurer chez les revendeurs de cartes Maroc Telecom. À Marrakech comme à Essaouira, vous trouverez partout des téléboutiques (8h-20h) où le paiement s'effectue au guichet à la fin de la communication.

TRANSPORTS EN COMMUN

Autocar

Pour vous rendre de Marrakech à Essaouira, vous pouvez choisir de prendre l'autocar.
CTM – ✆ 05 22 54 10 10 - www.ctm.ma. Deux bus par jour pour Essaouira à 8h30 et 12h30 (durée : 3h; 75 DH). Les cars sont confortables et climatisés. L'enregistrement des bagages a lieu une heure avant le départ. Départ de la gare du Guéliz à côté de la gare ferroviaire, 12 bd Zerktouni (***A2***). Dans le sens Essaouira-Marrakech, également deux bus par jour : 12h30 et 16h.
Supratours – ✆ 05 37 73 10 61 - www.supratours.ma. Cette filiale de l'ONCF (Office national des chemins de fer) est particulièrement pratique pour aller de Marrakech à Essaouira. Les bus climatisés partent d'un terminal situé à côté de la gare ferroviaire *(av. Hassan II, Guéliz)*. Quatre à six bus par jour pour Essaouira (durée : 2h30 ; 70 DH). Il faut enregistrer ses bagages avant de monter dans le bus (5 DH-0,45 € env. par bagage).
On trouve aussi des compagnies privées, qui permettent d'effectuer certains trajets dans de meilleures conditions de confort, à des prix souvent très compétitifs.
Gare routière de Marrakech – Pl. el-Mourabitène - Bab Doukkala - ✆ 05 24 43 39 33.

Bus

« Arriver à Marrakech », p. 3.

DEUX-ROUES

Il peut être agréable de se déplacer à **vélo** ou à **scooter** dans la palmeraie de Marrakech ou à Essaouira. Mais, prenez garde dans les villes nouvelles, où la circulation obéit à des règles de conduite souvent anarchiques, jamais logiques.

À Marrakech :

Loc2Roues – Galerie Élite - 1er étage - 212 av. Mohammed V - Guéliz - ✆ 05 24 43 02 94 ou 06 65 13 04 53 - www.loc2roues.com - 9h-20h. Scooters (à partir de 180 DH-17 €

env./5h, 250 DH-25 € pour un 50 cm^3) et motos (à partir de 500 DH-45 € env./j.). Plan de Marrakech et des environs fourni.

Marrakech Roues – 3, rue Bani Marine Imm. Roux - médina - ✆ 05 24 44 10 11 ou 06 24 44 10 11 - www.marrakech-roues.com - 9h-19h. Location de vélos : 120 DH (11 € env.) la journée, 100 DH/j. au-delà de 5 jours. On peut aussi louer des scooters et des motos.

Deux loueurs privés sont installés en journée devant l'**hôtel El Andalous**, av. du Président Kennedy, Hivernage.

À Essaouira :

Chez Bounar Saïd – 131 r. Mohammed el-Qory (près de Bab Marrakech) - ✆ 05 24 47 37 38 - 8h30-20h (fermé vend. 12h-15h), fermé dim. Vélos de qualité avec antivol et petit outillage pour 70 DH (6,50 € env.)/j.

VISITES GUIDÉES

À pied

Si vous souhaitez visiter Marrakech ou ses environs avec un guide officiel, contactez l'office de tourisme *(voir p. 83)* ou l'**Association régionale des guides de tourisme de Marrakech** – ✆ 05 24 44 87 70 - http://argtmarrakech.org.

Pas de tarif officiel, mais on compte en général autour de 250 DH (25 € env.) la demi-journée, 500 DH (45 € env.) la journée pour la découverte de la ville.

Renseignez-vous aussi dans votre hôtel.

En bus touristique

Marrakech Bus Touristique – ✆ 05 24 33 52 70 -www.alsa.ma - Ces bus à impériale permettent de visiter la ville avec un billet valable 24h *(145 DH-13 € env., enf. 75 DH-7 € env.)* ou 48h *(190 DH-17 € env., enf. 95 DH-8,5 € env.)* et de monter et descendre librement à l'un des arrêts du circuit. Visite commentée avec système audio multilingue. Deux parcours au choix : le « Tour Historique » dessert la médina, le quartier du Guéliz, l'Hivernage et la Ménara (18 arrêts) ; le « Tour Oasis » emprunte le circuit de la palmeraie et passe par le jardin Majorelle (8 arrêts).

VOITURE

Location

Il faut compter de 30 à 60 € par jour pour un véhicule de catégorie A (Fiat Uno ou Palio) et de 100 à 200 € par jour pour un 4x4, assurances comprises et kilométrage illimité.

La plupart des agences internationales ont des représentants au Maroc, à l'aéroport et dans le centre de Marrakech, par exemple :

Hertz – ✆ 0825 800 900 - www.hertz.fr ; aéroport de Marrakech-Ménara - ✆ 05 24 44 72 39 ; 154 av. Mohammed V - Guéliz - ✆ 05 24 43 99 84.

Europcar – ✆ 0 825 358 358, www.europcar.fr ; aéroport de Marrakech-Ménara - ✆ 05 24 43 77 18 ; 63 bd Mohammed Zerktouni - Guéliz - ✆ 05 24 43 12 28. Aéroport d'**Essaouira** - ✆ 05 22 43 12 28.

Avis – ✆ 0 821 230 760 - www.

avis.fr ; aéroport de Marrakech-Ménara - ✆ 05 24 43 31 69 ; 137 av. Mohammed V - Guéliz - ✆ 05 24 43 25 25. Aéroport d'**Essaouira** - ✆ 05 24 47 49 26.
Budget – www.budget.fr - Aéroport d'**Essaouira** - ✆ 05 24 78 56 92.
De nombreuses petites agences les concurrencent, notamment à Marrakech :
Beautiful Car – 92 bd Zerktouni - 1er étage - appart. n° 2 - Guéliz - ✆ 05 24 44 99 87 - www.marrakech-info.com/beautiful.
First Car – 234 bd Mohammed V - Guéliz - ✆ 05 24 43 87 64 ou 05 24 43 95 09 (aéroport) - www.firstcar.ma.
KAT – 68 av. Zerktouni - Guéliz - ✆ 05 24 43 01 75 - www.katcar-marrakech.net.
Najm Car – À l'angle de l'avenue Mohammed V et de la rue Mohammed el-Bequal - Guéliz - ✆ 05 24 43 79 09 ou 06 61 15 61 12 - www.najmcar.com.

Code de la route

Le Maroc a adopté la **signalisation internationale**. Celle-ci est généralement écrite en arabe et en français. Attention, les règles de priorité sont identiques à celles appliquées en France, à l'exception des ronds-points, où la priorité à droite reste de mise.

La **vitesse** est limitée à 120 km/h sur les autoroutes, 110 km/h sur les routes et entre 20 et 60 km/h dans les bourgs et agglomérations. Le **port de la ceinture de sécurité** est obligatoire même si cela n'est pas souvent respecté. En règle générale, soyez très vigilant sur la route, surtout près des villes. Entre les familles qui se déplacent à trois sur une mobylette, les bourricots qui trottinent au milieu de la chaussée, les poids lourds et les fous du volant, il n'est pas toujours évident de se frayer un chemin sécurisé ! Évitez de rouler la nuit.

Se garer en ville

Marrakech – Ne comptez pas laisser votre voiture à proximité de la Koutoubia et de la place Jemâa el-Fna, les parkings sont saturés en toute saison. En revanche, dans le Guéliz, vous trouverez de nombreux emplacements surveillés. Pourboire à verser au gardien, reconnaissable à sa blouse de couleur, au moment du départ (de 2 à 5 DH-0,20 à 0,45 € env. pour quelques heures).
Essaouira – Dans la médina, vous vous promènerez uniquement à pied. Il y a de vastes parkings payants près de la place Moulay Hassan, de Bab Sebaa et Bab Marrakech (comptez 10 DH-0,90 € env. pour la journée ou la nuit).

Agenda culturel

RENDEZ-VOUS ANNUELS

Consultez les rubriques événements et agenda du site : essaouira.vivre-maroc.com

Janvier

Marrakech

▶ **Marathon international** – Les courses (marathon et semi), dont le départ a lieu chaque année place Jemâa el-Fna, réunissent coureurs anonymes et champions. www.marathon-marrakech.com.

Février

Essaouira

▶ **Festival de l'étrange** – Lancé par l'Alliance franco-marocaine, le festival contribue au dialogue des cultures (arts plastiques, danse, théâtre, musique...).

Avril

Essaouira

▶ **Festival de la musique malhoune** – Véritable art poétique, le *malhoun* a été influencé à travers les âges par les rythmes de la musique andalouse et des chants populaires. Le festival fait redécouvrir les maîtres précurseurs de ce mouvement artistique.

▶ **Moussem des Regraga** – De nombreuses manifestations émaillent ce pèlerinage qu'effectuent les Regraga, membres d'une confédération de tribus Chiadma, entre l'oued Tensift au nord et la ville d'Essaouira au sud, commémorant, dit-on, la visite que firent les sept saints au Prophète, qui leur donna pour mission d'islamiser le Sud marocain.

▶ **Printemps musical des Alizés** – Pendant quatre jours, des concerts gratuits de musique classique attirent une foule de mélomanes à Dar Souiri et à l'entrée de Bab el Minzah.

Mai-Juin

Essaouira

▶ **Festival gnaoua et musiques du monde** – Pendant trois ou quatre jours, sur la place Moulay Hassan et devant la porte Bab Marrakech. Les « performances » de rue sont gratuites. Colloque sur la musique gnaouie et *lila*, nuit rituelle de transe. www.festival-gnaoua.net.

▶ **Moussem de Sidi Magdoul** – En hommage au saint de la ville.

Marrakech

▶ **Festival du rire** – marrakechdurire.com. Cinq jours de fête sous le signe de l'humour.

Juillet

Marrakech

▶ **Festival national des arts populaires** – Une grande variété de danseurs et de chanteurs se produisent dans l'enceinte du palais el-Badi. Ce festival s'achève par une parade allant de Jnane Harti à la place Jemâa el-Fna. Son ampleur, sa qualité, son authenticité, attirent un public exigeant et nombreux.

T. Balaguer / age fotostock

Musiciens de rue.

Août

Essaouira

▶ **Festival des jeunes talents** – Pendant deux ou trois jours mi-août, les jeunes talents de la musique gnaouie se produisent place Moulay Hassan.

Septembre

Marrakech

▶ **Festival international du film** – Pendant cinq jours, des projections sont organisées dans les salles de cinéma de la ville, au palais el-Badi ou en plein air, sur la place Jemâa el-Fna. Le palais des Congrès, sur l'avenue Mohammed VI, rassemble l'ensemble des services du festival, notamment la billetterie. www.festivalmarrakech.info.

Décembre

Essaouira

▶ **Festival international des Andalousies atlantiques** – Ce forum culturel à vocation pluridisciplinaire réunit des artistes et intellectuels originaires du Maroc, de l'Espagne, du Portugal, du Mexique et du Brésil, à l'occasion d'une programmation éclectique : concerts, ateliers artistiques, colloques, expositions, etc. Les concerts sont organisés sur la place Moulay Hassan, sur le port, ainsi que dans certains riads.

Pour en savoir plus

Musiciens Gnaoui sur la place Jemâa el-Fna.
R. Mattes / hemis.fr

Marrakech en quelques dates

3000-800 av. J.-C. – Âge du bronze : gravures rupestres et inscriptions libyques (Oukaïmeden).
8e s. av. J.-C. – Les Phéniciens explorent les côtes marocaines (Lixus).
Vers 460 av. J.-C. – Hannon reconnaît les côtes de l'Afrique occidentale et fonde plusieurs comptoirs au Maroc.
25 av. J.-C.-23 apr. J.-C. – Règne de Juba II (Volubilis).
40 – Assassinat de Ptolémée. La Maurétanie devient une province romaine (Sala Colonia et Banasa).

285 – L'administration et l'armée romaine se retirent de la Maurétanie.
681 – Oqba ben Nafi atteint l'océan Atlantique.
710 – Soumission des Berbères du Maroc.
711-713 – Conquête de l'Espagne par Tarik.
740-760 – Révolte kharidjite (Sijilmassa).
788-792 – Idriss Ier fonde la première dynastie musulmane (Fès).
803-828 – Règne d'Idriss II (Fès).
1053-1070 – Ascension des Almoravides (Marrakech).
1086 – Victoire de Zallaca sur les Espagnols.
1123 – Amorce du mouvement almohade (Tinmel).
1133-1147 – Ascension des Almohades.
1159 – Les Almohades sont maîtres de tout le Maghreb.
1195 – Victoire d'Alarcos sur les Espagnols (Rabat).
1212 – Défaite de Las Navas de Tolosa.
1248-1269 – Ascension des Mérinides.
1270-1358 – « Âge d'or » des Mérinides (Fès, Salé, Chellah).
1470-1515 – Conquêtes portugaises (El-Jadida, Safi).
1521-1554 – Ascension des Saâdiens (Agadir).
1541 – Chute d'Agadir : fin de l'expansion portugaise.
1578 – Bataille des Trois Rois.
1578-1603 – Règne d'Ahmed el-Mansour (Marrakech).
1633-1669 – Ascension des Alaouites.
1672-1727 – Règne de Moulay Ismaïl (Meknès).
1757-1790 – Règne de Mohammed ben Abdallah (Essaouira).
1769 – Mazagan est évacuée par les Portugais (El-Jadida).
1844 – Défaite d'Isly (Algérie) contre les troupes françaises.
1859-1860 – Guerre hispano-marocaine : prise de Tetouan.
1880 – Conférence de Madrid.
1907 – Débarquement des troupes françaises à Casablanca.
1912 – Traité de Fès (protectorat).
1912-1913 – Révolte d'El-Hiba dans le Sous (Tiznit).
1912-1925 – Lyautey résident général.
1921-1926 – Guerre du Rif.
1932-1934 – Fin de la conquête du Maroc par l'armée française.

Hermes Images / AGF RM /age fotostock

Gravures rupestres.

1953 – Déposition et exil de Mohammed V.
1956 – Retour de Mohammed V. Indépendance du Maroc.
1961 – Mort de Mohammed V et avènement de Hassan II.
1975 – Marche verte et guerre contre le Front Polisario.
1999 – Mort de Hassan II et intronisation de Mohammed VI.
2002 – Mariage de Mohammed VI. Élections législatives.
2003 – Naissance du prince héritier, Moulay El Hassan. Une série d'attentats fait 41 morts à Casablanca.
2004 – Réforme du code de la famille. Le grave séisme qui frappe la région d'Al Hoceima fait 600 morts.
2005 – Libération des derniers Marocains détenus par le Front Polisario. Tentatives d'assaut de clandestins contre les enclaves espagnoles. Adoption de la loi sur les partis politiques.
2006 – Naissance de la princesse Lalla Khadija.
2007 – Élections législatives : le parti de l'Istiqlal arrive en tête ; la majorité sortante maintient son leadership.
2008 – Réforme des instances de l'islam avec la création de 69 conseils locaux des oulémas.
Sommet de l'« Union pour la Méditerranée » à Paris en présence du frère du roi Mohammed VI.
2009 – Mesures économiques pour lutter contre la crise financière internationale (intensification des investissements publics et gel des cotisations patronales).
2010 – Projet de régionalisation du royaume dans un but de décentralisation.
2011 – Suite à une vague de manifestations faisant écho au « Printemps arabe », projet de réforme de la Constitution. Le Parti de la justice et du développement (PJD), de mouvance islamiste, remporte les élections législatives, et son chef de file, Abdelilah Benkirane, est nommé chef du gouvernement.
2016 – En novembre, Marrakech accueille la COP22, conférence internationale pour la lutte contre le réchauffement climatique.

Une ville impériale

Marrakech (Makhzen), qui a donné son nom au Maroc, se construit depuis un millier d'années. Son destin suit celui des dynasties souveraines qui l'ont tour à tour magnifiée et laissée à l'abandon.

UN FONDATEUR SAHARIEN

En 1060, des Berbères sahariens de la tribu des Sanhadjas descendent dans le Haouz et s'installent à proximité de la colline du Guéliz. Contraint de repartir en Mauritanie pour assagir ses sujets belliqueux, le chef de la tribu, Abou Bekr, confie en 1062 son pouvoir et sa femme Zineb à son cousin **Youssef ben Tachfine**. Folle imprudence ! Ces deux années d'absence suffirent à Youssef pour légitimer son pouvoir et séduire la belle Zineb. À son retour, l'ancien chef ne peut que rebrousser chemin. Sous le règne de l'Almoravide, l'ancien campement de toile devient une cité prospère, enrichie par l'or et l'ivoire des caravaniers. Pour pallier les problèmes de sécheresse, des canalisations souterraines, les *krhettaras*, conduisent l'eau des nappes phréatiques à la surface du sol. Les pierres roses du Guéliz servent à édifier kasbahs, palais et mosquées, et la ville se dote d'une luxuriante palmeraie. Marrakech devient la capitale d'un vaste empire s'étendant de l'océan à Alger, et de l'Èbre à Tafilalt.

LA GLOIRE ALMOHADE

Après la mort de l'Almoravide Ali ben Youssef, en 1143, s'ensuit une période de déclin dont profitent les Berbères almohades pour, en 1147, s'emparer de Marrakech. Dès le début de son règne, **Abd el-Moumen** ordonne la destruction de nombreux monuments de la ville. Sur les décombres du palais almoravide, il élève la première Koutoubia. On lui doit aussi les jardins de l'Agdal et de la Ménara. Ancien gouverneur de Séville, le fils d'Abd el-Moumen, Youssef, transforme Marrakech en un foyer culturel de la civilisation arabo-andalouse où se fréquentent les plus grands savants et hommes de lettres, dont le célèbre Averroès. Le troisième souverain, **Yacoub el-Mansour**, « le Victorieux », marque l'apogée du règne almohade. Il achève la Koutoubia et la Giralda de Séville, entamée par Youssef, et bâtit à Rabat la plus grande mosquée de l'Occident, dont il ne subsistera que le minaret (la tour Hassan). Son armée contrôle l'Afrique du Nord jusqu'à Tripoli.

L'ÉCLATEMENT DE L'EMPIRE

Après la mort de Yacoub el-Mansour, en 1199, la ville entre dans une période agitée qu'enveniment les aspirations au pouvoir et les sombres complots. C'est dans ce climat d'insécurité que les **Mérinides** et leur chef, **Abou Youssef Yacoub**, s'emparent du pouvoir en 1269. Pour la première fois, Marrakech perd son statut de capitale au profit de Fès. La nouvelle piste saharienne Fès-Gao l'empêche momentanément d'accéder à l'or africain, et les guerres menées contre le Portugal et l'Espagne après la chute du royaume de Grenade sèment un regain de religiosité renforcé par les discordes entre marabouts.

LA RENAISSANCE SAÂDIENNE

Descendants des Chorfas du Souss et, de ce fait, du prophète Mahomet, les conquérants du bonheur *(saâd)* remontent de la vallée du Drâa pour s'emparer de Marrakech en 1524 et lui rendre, à juste titre, son rang de capitale du Maroc. Sous le règne des Saâdiens, la ville perd sa relative tranquillité. Meurtres et massacres inaugurent ce volet de l'histoire marqué par la « bataille des Trois Rois », qui déboute les Portugais du territoire occupé. Surnommé el-Dehbi (« le Doré »), en raison de son immense richesse, **Ahmed el-Mansour** est à l'origine du palais d'el-Badi, des tombeaux saâdiens et de nombreuses mosquées, fontaines et medersas.

LES ALAOUITES

L'unité du royaume, qui s'effrite après la mort d'Ahmed « le Doré », se reconstitue au 17e s. avec l'arrivée des Alaouites,descendants d'Ali, le gendre du Prophète, et de sa fille Fatima. Sous leur règne, Marrakech

Ray Hems / iStock

Cour intérieure de la medersa ben Youssef.

est détrônée par Meknès, qui lui vole, en plus de son titre de capitale du royaume, les luxueux matériaux du palais d'el-Badi. La ville ne reviendra à l'honneur que sous Mohammed III et Moulay Hassan : le premier en fait sa capitale, le second y est couronné sultan en 1873. Le **protectorat français** continue de l'ignorer au profit de Rabat jusqu'à ce qu'un scandale historique y éclate : de connivence avec la France, le pacha glaoui de Marrakech participe à l'exil du roi Mohammed V, dont il implorera le pardon à son retour en 1955.

Pour l'histoire contemporaine, voir p. 104.

La monarchie

Après la proclamation de son indépendance en 1956, le Maroc est, depuis 1962, une monarchie constitutionnelle. Aujourd'hui, le royaume se dirige vers une modernisation et une démocratisation de son régime.

MOHAMMED V

Après la Seconde Guerre mondiale, l'agitation ne fait que croître au Maroc et le gouvernement français finit par rappeler Mohammed ben Youssef (alors exilé depuis 1953), qui fait un retour triomphal en novembre 1955. Le 2 mars 1956, la convention proclamant l'**indépendance** du Maroc est signée.

Désormais **roi** et non plus sultan (à partir de 1957), **Mohammed V** conduit assez habilement son pays dans les premières années de l'indépendance et sait lui éviter les troubles dont sa voisine, l'Algérie, n'est toujours pas sortie. Il maintient des relations privilégiées avec la France et se garde bien de faire table rase des apports de la période coloniale ; il évite en particulier l'exode du demi-million d'Européens et la fuite des capitaux étrangers, tous deux essentiels au développement du pays.

Dans le domaine des institutions, c'est lui qui lance le processus visant à doter le royaume d'une **Constitution**. Mais celle-ci – la première d'une longue série – n'est adoptée qu'après sa mort, avec le référendum du **7 décembre 1962**.

HASSAN II

Mort le 26 février 1961 au cours d'une banale intervention chirurgicale, Mohammed V est remplacé par son fils Hassan II. Bien vite, celui-ci concentre entre ses mains la totalité des pouvoirs politiques. Cela lui vaut l'hostilité des forces de gauche : l'Istiqlal et surtout l'Union nationale des forces populaires (UNFP) de Mehdi ben Barka. De 1963 (guerre du Figuig) à 1975, complots, attentats, émeutes urbaines et jacqueries se succèdent, suivis de répressions sanglantes contre, entre autres, Mehdi ben Barka en 1965.

En 1975, Hassan II trouve l'occasion de détourner le mécontentement général

La monarchie sacralisée

*Le roi est le **Commandeur des croyants**, titre qui légitime sa fonction de monarque. Il est le descendant d'Ali, gendre du Prophète, d'où le nom d'**Alaouite** donné à la dernière dynastie. Le pouvoir monarchique n'est attribué qu'aux descendants directs du Prophète (chorfa). Bien que l'islam proclame l'égalité de tous les musulmans devant Dieu, le titre de **chérif** est une source de bénédiction (baraka). Ce don divin introduit une relation d'allégeance entre le peuple marocain et son roi.*

Timbres anciens à l'effigie du roi Hassan II.

OYAUME DU
MAROC

en organisant la **Marche verte**, qui lui permet de s'emparer facilement du Sahara occidental, vaste territoire riche en phosphates auquel l'Espagne s'apprêtait à accorder l'indépendance. Mais la guérilla du Front Polisario, activement soutenue par l'Algérie, mène la vie dure aux Forces armées royales (Far), jusqu'à l'édification d'un « mur ». La guerre puis la campagne de « marocanisation » sont ruineuses pour le pays. Malgré cela, Hassan II jouit sur la scène internationale d'un prestige sans commune mesure avec la puissance réelle du Maroc, cela grâce à son habileté politique et à des positions modérées sur la question israélienne.
Sur le plan intérieur, le régime amorce une timide libéralisation dans les années 1990 : création d'une Chambre basse entièrement élue au suffrage universel, élections à peu près libres en 1997, gouvernement d'« alternance » en 1998.

MOHAMMED VI

Le 23 juillet 1999, miné par la maladie, Hassan II meurt à Rabat. Son fils aîné lui succède sous le nom de **Mohammed VI**. À 36 ans, le prince héritier est quasiment un inconnu pour les Marocains et une énigme pour les observateurs politiques. D'emblée, le nouveau roi sait se forger une réputation de monarque moderne et libéral grâce à quelques décisions spectaculaires comme l'autorisation de retour d'exil d'Abraham Serfaty, la création d'une commission en charge d'indemniser les anciens prisonniers politiques et, surtout, le **limogeage de Driss Basri**, tout-puissant ministre de l'Intérieur d'Hassan II pendant trente ans. Ces gestes lui valent la sympathie de la population marocaine et des nations européennes. Plusieurs symboles témoignent de la volonté de **démocratisation** du royaume : son mariage avec Salma Bennani une « fille du peuple », la tenue des **premières élections législatives transparentes** en septembre 2002 et l'adoption du **nouveau code de la famille**. Abandonnée en 2000 après une démonstration de force des islamistes, cette loi qui révolutionne le statut des femmes entre finalement en vigueur en février 2004. Désormais affranchies de la tutelle masculine, elles disposent des mêmes droits que les hommes en matière de mariage, d'éducation des enfants, de divorce, et peuvent interdire la polygamie à leur mari.
Mais le roi doit faire face à ses premières difficultés. La situation économique et sociale reste tendue. L'islam politique radical fait couler beaucoup d'encre en 2003 lors des attentats de Casablanca et, en 2007, lors des **élections législatives**. La crise financière touche de plein fouet l'économie marocaine en 2009 : l'inertie relative du gouvernement déclenche une première vague de manifestations en 2010. Suite à l'appel du **mouvement du 20 février**, la protestation ne s'essouffle pas et le roi annonce en mars 2011 une réforme de la Constitution. Un pas frileux vers la démocratie et la justice sociale, qui montre que le royaume a de nombreux chantiers sociaux et politiques devant lui.

L'islam

Islam signifie « élan vers Dieu ». Dieu est unique : « Il n'y a de Dieu qu'Allah, et Mahomet est son prophète », dit la profession de foi musulmane. L'islam marocain est **sunnite** de rite *malékite* (fondé par l'imam Malik). L'école des *malékites* enseigne une lecture du Coran moins dogmatique et moins littérale que celle des autres tendances ; elle accepte que l'on modifie les traditions dès lors que celles-ci s'opposent au bien commun. Au Maroc, l'islam est une **religion d'État** et le roi Mohammed VI, descendant du Prophète, est le Commandeur des croyants *(Amir al-Mouminine)*. Les Marocains, presque tous musulmans, sont fortement unis par le sentiment d'appartenance à la communauté des croyants, l'**Umma**.

LES CINQ PILIERS

Cinq obligations majeures constituent les piliers de l'islam :
Représentant l'adhésion à l'islam, la **profession de foi** *(chahada)* est l'obligation canonique la plus importante. Elle atteste « qu'il n'est de divinité que Dieu » et que « Mahomet est l'envoyé de Dieu ». Celui qui prononce ces mots s'engage définitivement à être musulman et à appartenir à la communauté des croyants *(Umma)* ;
Tourné vers La Mecque, le croyant effectue sa **prière** *(salât)* cinq fois par jour : au lever du soleil, à midi, vers 16h, au coucher du soleil et deux heures plus tard.
Le **ramadan** a lieu le neuvième mois de l'année lunaire. Les musulmans – à

Année de l'hégire	1437	1438	1439	1440
1er Moharram	15 oct. 2015	3 oct. 2016	22 sept. 2017	12 sept. 2018
Achoura	24 oct. 2015	12 oct. 2016	1er oct. 2017	21 sept. 2018
Mouloud	24 déc. 2015	12 déc. 2016	1er déc. 2017	21 nov. 2018
Début du ramadan	7 juin 2016	27 mai 2017	16 mai 2018	6 mai 2019
Aïd al-Fitr	7 juil. 2016	26 juin 2017	15 juin 2018	5 juin 2019
Aïd el-Kébir	13 sept. 2016	2 sept. 2017	22 août 2018	12 août 2019

Calendrier des fêtes musulmanes *(les dates peuvent varier d'un jour ou deux)*

partir de la puberté – jeûnent de l'aube au coucher du soleil, exception faite pour les malades, les femmes enceintes, et ceux qui effectuent un long voyage. Autre dérogation : les femmes ne doivent pas jeûner pendant le temps de leurs règles, mais sont contraintes en revanche de « rattraper » le nombre de jours de jeûne plus tard. Le jeûne porte sur la nourriture, la boisson, le tabac et les relations sexuelles. Le soir, familles et amis se retrouvent autour d'une multitude de plats, dans une atmosphère de détente et de gaieté. La nuit du 27e jour, appelée « **Nuit de la destinée** », commémore la révélation de la première sourate au prophète Mahomet. On prie beaucoup cette nuit-là. Le ramadan se termine par la grande fête de l'**Aïd al-Fitr**.

Le croyant doit faire preuve de générosité, notamment en dispensant l'**aumône légale** *(zakat)*, contribution en nature ou en argent destinée à financer des œuvres de bienfaisance.
Tout fidèle doit effectuer un **pèlerinage à La Mecque** *(hadj)* au moins une fois dans sa vie, à condition d'en avoir les moyens. Il permet la rémission de tous les péchés. Il est ponctué de nombreuses prières et de rituels, dont le plus important consiste à faire sept fois le tour de la **Ka'ba**, sanctuaire de forme cubique situé dans la cour de la mosquée et renfermant la Pierre noire remise à Abraham par l'archange Gabriel. Tout musulman qui a réalisé ce pèlerinage se voit honoré du titre de *hadj*, qui précède dès lors son nom.
Par ailleurs, l'islam stipule un certain nombre d'**interdits** : il proscrit les boissons alcoolisées, la viande de porc et les viandes non saignées. Quoique pratiqués, les jeux de hasard sont également condamnés.

LES GRANDES DATES DE LA VIE RELIGIEUSE

La vie civile est régie par le calendrier grégorien, mais la vie religieuse suit le calendrier musulman. Celui-ci est calculé selon les douze mois de l'année lunaire. Chaque mois commence par la nouvelle lune et fait alternativement 29 ou 30 jours. Une **année lunaire** ne compte que 355 jours et avance donc d'une dizaine de jours sur l'année solaire. L'an 1 de l'hégire a débuté le 16 juillet 622.
Le 1er Moharram est le nouvel an du calendrier musulman.
L'**Achoura** est célébrée le 10e jour du mois de Moharram, en souvenir de l'assassinat de Hussein, petit-fils du Prophète.
Le **Mouloud** ou Mawlid al-Nabi correspond à l'anniversaire du Prophète.
L'Aïd al-Fitr (ou Aïd es-Seghir), la rupture du jeûne, a lieu le premier Chaoual, qui correspond au lendemain du dernier jour du ramadan.
L'Aïd al-Kébir, la « Grande Fête », commémore l'épisode du sacrifice relaté dans le Coran et la Bible selon lequel Isaac, fils d'Abraham, échappe à l'immolation grâce à un bélier qui lui est substitué. En célébration de cet acte, la communauté musulmane a institué une fête dite « du Mouton » (le 10 du mois de Dhû al-hijja), au cours de laquelle un animal est sacrifié dans chaque famille.

École coranique, medersa ben Youssef.

Art et architecture islamiques

Malgré les vicissitudes de son histoire, le Maroc est, de tous les pays du Maghreb, celui qui a conservé le patrimoine artistique le plus riche, du moins en ce qui concerne la période islamique. Enrichi par l'apport culturel de l'Andalousie musulmane, bien plus que par celui de l'Orient, le Maroc a été pendant près de six siècles (11e-17e s.) le foyer principal de l'architecture hispano-mauresque, l'un des grands mouvements de l'art islamique.

LES MONUMENTS RELIGIEUX

Ces édifices frappent par la simplicité de leur architecture, de leurs volumes et la richesse de la décoration (stucs, bois sculpté, zelliges), qui cache souvent la pauvreté des matériaux utilisés. Dès les débuts de l'islam, les premiers croyants ressentirent le besoin d'un lieu où réunir la communauté pour prier : ce fut la **mosquée**, dont le plan de base n'a pas changé depuis les origines. Elle est toujours orientée vers La Mecque et cette direction est donnée par le **mihrab**, une niche située au milieu du mur dit « de **qibla** ». À côté se trouve le **minbar**, attribut de l'autorité spirituelle et du pouvoir théocratique, en bois ou en marbre. Le **minaret** se présente au Maroc comme une tour carrée qui se termine par une plate-forme crénelée d'où le muezzin lance son appel à la prière cinq fois par jour. Les minarets marocains s'ornent selon les époques d'une décoration composée de baies géminées, d'arcs ou d'arcatures aveugles, d'entrelacs ou de zelliges.

La **medersa** est une école de théologie (à ne pas confondre avec les écoles coraniques) où l'on dispense un enseignement de haut niveau, ce qui lui a valu le qualificatif d'« université islamique ». Cette fonction a donné lieu à une forme architecturale spécifique. Se détachant sur la nudité d'une façade aveugle, une porte à la décoration élaborée surmontée d'un auvent donne accès à une étroite cour centrale entourée par les salles de cours et la salle de prière. Les étages sont occupés par des cellules exiguës, où logeaient maîtres et étudiants. Dans celle-ci se concentre l'essentiel de la décoration raffinée de la *medersa* : bassin central, sol en zelliges, impostes en stuc finement sculpté, corbeaux et corniches taillés dans du cèdre.

La **koubba**, plus connue sous le nom de **marabout**, est un mausolée pour de pieux musulmans morts en odeur de sainteté. Reconnaissables à leur coupole blanche – à l'origine, *koubba* signifie « coupole » –, ces bâtiments cubiques se retrouvent dans toute la campagne marocaine et font l'objet de pèlerinages souvent teintés de superstition. À côté des marabouts, on peut souvent observer un arbre couvert de bouts de tissu correspondant chacun à un vœu qui devrait être exaucé par le saint.

L'ARCHITECTURE CIVILE

L'architecture civile se traduit d'abord dans les **remparts** qui entourent la médina, la plupart du temps construits en pisé. Ces murailles sont percées de **portes monumentales** qui comptent parmi les plus belles expressions de l'architecture marocaine. En pierre de taille, elles sont encadrées de bastions couronnés de merlons et souvent très ornées. Dans les médinas, de véritables **palais**, suites de jardins intérieurs (**riad** *voir p. 118*), d'habitations, de cours d'apparat (**méchouar**), de corps administratifs, de hammams, d'écuries, d'entrepôts, sont entourés de vastes espaces (**aguedal**) où alternent vergers et bassins.
Les **fondouks**, caravansérails urbains, faisaient à la fois office d'hôtelleries et d'entrepôts de marchandises. Leur architecture s'apparente à celle des medersas, avec une cour centrale entourée sur plusieurs étages par des petites pièces où logeaient les marchands et leurs biens les plus précieux, tandis que les montures et les marchandises restaient au rez-de-chaussée ou dans les caves. Les fondouks étaient généralement des biens dits « habous », appartenant à des fondations pieuses, dont les loyers servaient à entretenir les medersas et leurs étudiants.

LE DÉCOR

L'abondance de la décoration dissimule souvent la pauvreté du matériau. Le décor, d'abord présent à l'extérieur des édifices, a fini par envahir les surfaces intérieures. Son évolution est due pour l'essentiel à l'apparition du **stuc** et à l'abandon de la mosaïque traditionnelle au profit de la **céramique** au 12e s. et à l'importance prise par la **terre émaillée** et le **bois sculpté** au 14e s. Il allie la souple exubérance de l'art arabe à la netteté rigide des lignes berbères.

Éléments géométriques

La figure de base est le **polygone**. Au 18e s., octogones, triangles, losanges et étoiles se côtoient et se superposent dans des compositions complexes, ornant les panneaux de bois peint ou les revêtements de **céramique**.
Les **entrelacs**, typiquement arabes, utilisent la ligne droite, les festons et les lobes, en un treillis de baguettes ou de galons s'entrecroisant à l'infini ; leurs réseaux losangés constituent, aux 12e et 13e s., l'une des plus belles parures des minarets.
L'**arabesque**, figure fondée sur les sinuosités de la ligne, se déploie dans les décors floraux, formant la tige dont elle représente une extrême stylisation.
Les **stalactites**, formées d'une série de petits prismes savamment assemblés et disposés en encorbellement, tapissent les coupoles, les pendentifs, les arcs, les chapiteaux, les linteaux, les consoles.

L'ARCHITECTURE

LA MOSQUÉE MAGHRÉBINE

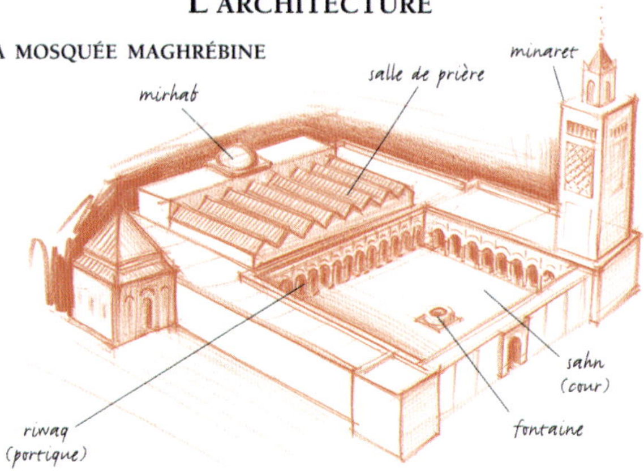

MOUKARNAS « STALACTITES »

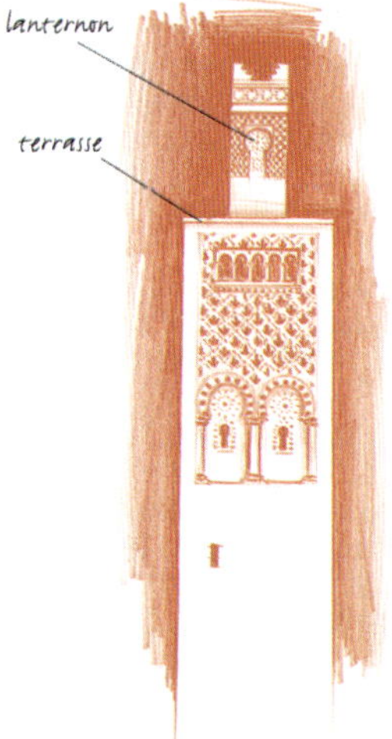

H. Choimet/MICHELIN

LE MIHRAB

LE MINBAR (CHAIRE)

MINARET ALMOHADE

ISLAMIQUE

La porte monumentale

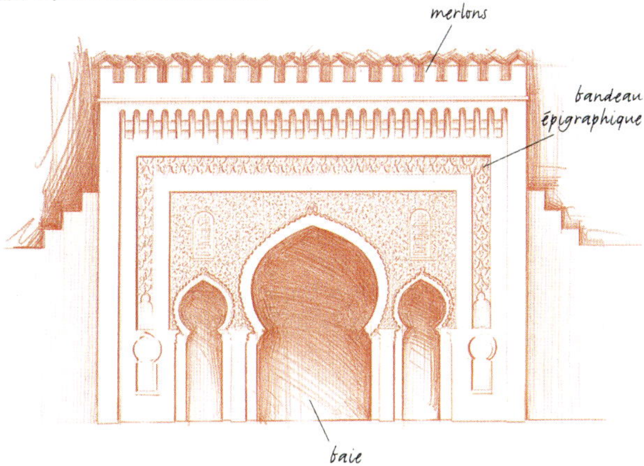

La fontaine

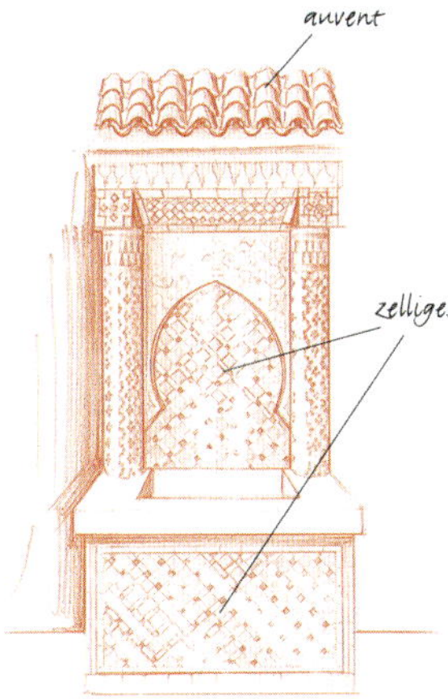

Les arcs

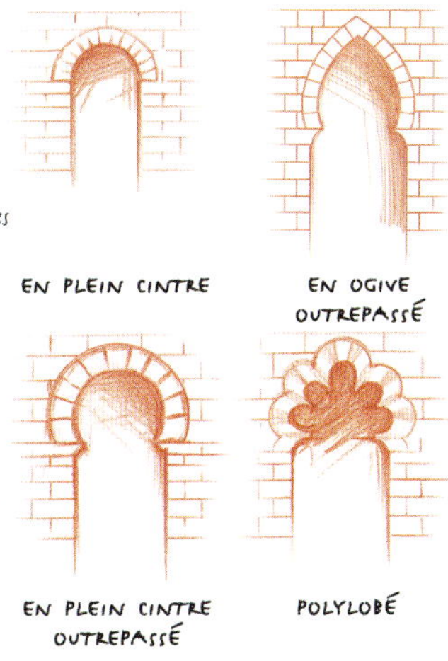

H. Choimet/MICHELIN

Éléments floraux

L'art hispano-mauresque utilise avec une extraordinaire profusion les éléments floraux stylisés, dont il tapisse les écoinçons des arcs, les frises, et des panneaux qui finissent par s'étendre aux dimensions mêmes des murs.

La **palme** – motif le plus employé –, née d'une sorte de calice, s'allonge en une feuille recourbée ou se divise en deux lobes.

La **palmette** grecque, qui bien souvent se détache sur les écoinçons des arcs, affecte la forme d'une coquille.

La **pomme de pin** est fréquemment utilisée aux 13e et 14e s.

Ce décor végétal se développe peu à peu en réseaux touffus, se mêle aux compositions géométriques, et comble les vides laissés par le dessin.

Éléments épigraphiques

L'écriture arabe fournit à la décoration musulmane l'un de ses éléments les plus esthétiques et les plus originaux.

L'**écriture coufique** se caractérise par ses hampes verticales, l'épaisseur uniforme de ses lettres, ses angles droits.

D'abord employées exclusivement pour la valeur édifiante du texte, ces inscriptions ont – dès le 11e s. – perdu de leur sobriété originelle ; les caractères s'embellissent d'éléments végétaux ; les hampes se compliquent de nœuds.

Le **cursif** vient, vers le milieu du 12e s., concurrencer le coufique, qu'il supplante à partir du 16e s., sous les Saâdiens. Il est caractérisé par la souplesse et la finesse de ses lettres, dessinées en pleins et déliés.

Les supports de la décoration

Dès les débuts de l'art hispano-mauresque, la plupart des éléments de la décoration apparaissent dans la **pierre** sculptée des grandes portes. En ce qui concerne la confection des entrelacs qui ornent les minarets, on tire de la **brique** le meilleur parti.

La **mosaïque de terre émaillée**, importée d'Orient, apporte le chatoiement de sa polychromie dans les minarets almohades. Elle devient, à partir du 14e s., l'un des matériaux essentiels du décor. Ces mosaïques sont exécutées selon deux techniques.

Les **zelliges** sont constitués de petits fragments de céramique de diverses couleurs découpés dans des plaques de ton uni, puis juxtaposés pour former des figures décoratives, et fixés avec du mortier ; on les rencontre surtout dans les compositions géométriques.

La **céramique excisée ou champlevée** est employée dans la décoration épigraphique : sur une plaque sombre, le motif est mis en valeur par grattage, puis masticage de la surface qui l'entoure.

Dans le **stuc**, importé de Mésopotamie, le plâtre est appliqué sur des surfaces hérissées de clous. Encore frais, il est sculpté à la gouge ou au ciseau.

Le **bois** aussi entre dans la confection des stalactites. Le cèdre, imputrescible, sculpté avec raffinement et, à partir du 13e s., rehaussé de peinture, recouvre les parties hautes des murs ; il constitue les corniches, les auvents, les plafonds.

tunart / iStock

Boiseries peintes.

LEXIQUE D'ARCHITECTURE

Agadir (berbère) – Grenier collectif fortifié dans le Sud. Dans certaines régions, on utilise le terme *irherm*.
Bab – Porte d'une ville.
Borj – Tour, bastion, fortin.
Chemacha – Claustra, souvent en plâtre.
Dar – Maison. Par extension, lieu où s'exerce une activité particulière (ex. : *dar dbagh*, les tanneries ; *dar el-Makhzen*, anciennement la préfecture).
Derbouz – Grille en bois qui sert de balustrade ou de moucharabieh.
Fondouk – Caravansérail urbain servant à la fois d'entrepôt et d'hôtellerie.
Hammam – Bains publics.
Kasbah – Citadelle d'une ville. Dans le Sud, habitation fortifiée isolée appartenant à une famille. Les Berbères utilisent le terme *tirhemt*.
Kissaria – Dans un souk urbain, ensemble de boutiques disposées autour d'une cour et consacrées à un seul type de commerce ou d'artisanat.
Koubba – Coupole, dôme. Par extension, tombeau d'un saint, ou marabout (ils sont souvent couverts d'une coupole).
Ksar (pl. **ksour**) – Château ou palais fortifié. Dans le Sud, village fortifié.
Marabout – Saint homme. Par extension, son tombeau.
Medersa – École de théologie. Au Maroc, elles comportent une cour

étroite autour de laquelle sont disposées les cellules des maîtres et des étudiants.
Médina – Ville. La ville ancienne par opposition à la ville moderne.
Mellah – Quartier juif dans la ville traditionnelle. En général, il est isolé du reste de la médina par une muraille.
Mihrab – Niche dans un mur de *qibla*. Dans les mosquées les plus modestes, c'est souvent la seule partie qui bénéficie d'une décoration.
Minaret – Tour d'où le muezzin lance l'appel à la prière *(ouden)*.
Minbar – Chaire en pierre ou en bois d'où l'imam prononce le prêche du vendredi *(khutba)*.
Mosquée – Édifice réservé à la prière. On distingue les *jami*, mosquées du vendredi, des *masdjid*, simples oratoires. C'est dans les premières que l'imam prononce la *khutba*.
Moucharabieh – Grilles ornementales en bois placées devant les fenêtres.
Moukarnas – Alvéoles décorant des niches, des voûtes ou des coupoles. La base de ces alvéoles s'étire en formant des sortes de stalactites.
M'sallah – Lieu de prière en plein air dont l'architecture est réduite au strict minimum : un mur de *qibla*, dont la hauteur ne dépasse pas un mètre, avec la marque du mihrab et quelques marches pour le minbar.
Qibla – Direction de la Ka'ba. À la mosquée, les fidèles font la prière face au mur de *qibla*, qui est perpendiculaire à la direction de La Mecque.
Rhettara – Canalisation souterraine pour le transport de l'eau d'irrigation.
Riad – Patio ou jardin clos attenant à une maison particulière.
Ribat – Couvent fortifié.
Sahn – Cour d'une mosquée ou d'une medersa.
Souk – Marché. Il s'agit soit d'un marché hebdomadaire en plein air, soit d'un quartier de la médina entièrement consacré au commerce.
Tataoui (berbère) – Plafond en caissons réalisé avec des roseaux ou des branches de laurier-rose disposés en losange.
Tedlakt (berbère) – Enduit mural très lisse formé d'un mélange de chaux, de pierre finement broyée, de pigments colorés et de savon noir.
Tirhremt (berbère) – *Voir kasbah.*
Zaouïa – Confrérie religieuse. Par extension, bâtiments autour du tombeau d'un saint abritant la confrérie.
Zelliges – Marqueterie de faïences polychromes réalisée à l'aide de fragments découpés dans des carreaux de céramique de couleurs vives.

Médina et ville nouvelle

De nos jours, Marrakech, comme la plupart des villes du Maroc, compte deux parties distinctes : la **médina** et la **ville nouvelle** (quartier moderne).

LA MÉDINA

La **médina** se serre autour de ses mosquées, ou de ses medersa, du marché, du hammam, des fontaines. Elle se cloisonne en quartiers selon la fortune, l'activité, l'origine de ses habitants. La visite d'une médina offre un spectacle étonnant. Un **enchevêtrement de venelles** étroites, tortueuses, voûtées, tour à tour désertes ou animées, dans lesquelles on hésite parfois à s'engager de peur de s'y perdre ; des places que sillonnent en agitant leur clochette les porteurs d'eau, où le conteur public voisine avec l'arracheur de dents, et où le sol constitue souvent le plus rudimentaire des étals. Les maisons sont adossées les unes aux autres et leurs terrasses communiquent en un seul espace, recouvrant même parfois les ruelles. Parties intégrantes de la vie des femmes et des enfants, à la fois protégées et ouvertes sur la ville, ces **terrasses imbriquées** sont des lieux animés où bon nombre de gestes quotidiens s'accomplissent. Elles sont notamment utilisées comme cuisines lorsque certaines nourritures nécessitent un feu de bois, ou qu'il s'agit de préparer le mouton de l'Aïd après l'avoir égorgé.
La conception de la médina, harmonieuse et ordonnée, héritage de la première communauté musulmane fondée à Médine par le prophète Mahomet, reflète l'idée selon laquelle tous les croyants participent à l'équilibre de la société. C'est là que vous découvrirez **l'art de vivre traditionnel**. La vie familiale se déroule derrière les hauts murs qui bordent un dédale de ruelles étroites, tandis que la vie sociale a pour cadre la rue, le **hammam** et le **marché**. Au cœur des quartiers, la **mosquée** demeure le symbole de l'omniprésence du sacré dans la vie quotidienne.

LA VILLE NOUVELLE

Le 20e s. a donné naissance à un autre type de villes, élevées à l'écart des médinas, où, le long de **larges avenues** à angle droit, les bâtiments officiels, souvent de style néomauresque, alternent avec des maisons de commerce et des banques. Tout oppose cette ville nouvelle à la médina traditionnelle. Les ruelles enchevêtrées des médinas font place à de grandes artères traçant un damier géométrique. Certaines villes modernes sont d'incontestables réussites, comme celle située dans le quartier du **Guéliz** à Marrakech, conçue par l'architecte et urbaniste français **Henri Prost.** Cependant, dans ces villes qui continuent à subir de profondes transformations, des conditions nouvelles d'existence, liées tant à l'urbanisme qu'aux activités modernes, se substituent aux modes de vie traditionnels.

Le riad

Les riads connaissent depuis quelques années une fortune inattendue. À Marrakech, on ne compte plus le nombre de demeures de la médina, restaurées et aménagées, qui ont été transformées en maisons d'hôte, le plus souvent par des propriétaires européens.

UNE DEMEURE DE CHARME

Un riad est une maison assortie d'un **jardin** ou d'un **patio** arboré. On en trouve dans toute la médina. La plupart de ces demeures, insoupçonnables de l'extérieur, ont été construites dans la seconde moitié du 19e s., par de riches familles qui avaient acheté les parcelles jardinées existant entre les murailles et l'espace bâti de la médina, créant, en périphérie du centre, des quartiers à caractère aristocratique. Leur volume au sol est souvent moins contraint, et on y découvre, parfois, l'influence des modèles occidentaux.

UN VIF SUCCÈS À MARRAKECH ET À ESSAOUIRA

Le succès de ce type d'hébergement est tel qu'à Marrakech les autorités touristiques marocaines s'en émeuvent et tâchent de maîtriser le phénomène, en tentant de lui imposer certaines règles de professionnalisme, ainsi qu'un respect de l'architecture traditionnelle. Selon les sources, on compterait **entre 200 et 800 riads**, plus ou moins déclarés, dans la médina de **Marrakech**, et l'affaire est assez fructueuse pour que des agences immobilières se soient spécialisées dans la recherche de riads à restaurer. Certains d'entre eux sont de véritables palais disposés autour de vastes jardins, absolument insoupçonnables pour le passant.
Le phénomène a désormais gagné **Essaouira**, où les riads se mettent également à proliférer dans des demeures abandonnées par leurs habitants d'origine. Plus hauts que les riads marrakchis, et très souvent plus humides, ceux d'Essaouira disposent de terrasses d'où l'on aperçoit parfois la mer.
Au-delà de l'aspect parfois un peu déplaisant de cette « colonisation » des médinas au détriment de leurs habitants, reste que le séjour dans un riad, certes toujours cher (à des degrés divers), présente pour le voyageur plus d'un intérêt : celui d'habiter dans une demeure de charme, et celui de vivre au quotidien dans ces quartiers populaires où l'on touche au plus près la réalité urbaine du Maroc. Reste enfin la sauvegarde de ces maisons, que l'initiative privée, bien que motivée par l'esprit de lucre, sauve d'une dégradation irrémédiable.
Dans un riad, on peut louer une chambre, une suite, voire toute la maison, solution qui, si l'on voyage avec un groupe d'amis, peut se révéler (relativement) économique.

Histoire d'eau

Présente dans la cour des mosquées comme dans celle des medersas, dans les riads et les hammams, et même dans les rues (auprès des pittoresques porteurs à Marrakech), l'eau joue un rôle essentiel dans la vie quotidienne des Marocains. Riche en eaux, le Maroc est cependant soumis à des sécheresses parfois dramatiques. Souvent bénéfique, parfois destructrice, l'eau est l'objet de toutes les attentions.

LES FONTAINES MAROCAINES

Dans les villes, et plus particulièrement les médinas, elles sont partout. Monumentales ou minuscules, somptueusement décorées d'arcs à stalactites et de zelliges (comme celle de **Sidi bel Abbès** à Marrakech, *voir p. 31*), revêtues de **mosaïques** où domine parfois le bleu, parfois le vert, coiffées d'un auvent de tuiles vernissées, ornées de colonnes et d'arcs outrepassés, en plein cintre ou brisés, restaurées ou tristement décrépites, situées sur des places, au détour des rues, au fond des souks, à la porte des mosquées, elles sont innombrables, identiques, dirait-on, et pourtant toujours différentes.
Points d'eau, les fontaines sont aussi, et surtout, des points de rencontre.

LES RIADS

À Marrakech et à Essaouira, vous découvrirez de superbes **riads**, ces jardins intérieurs à la végétation exubérante. Ici, l'eau est partout : jaillissant de vasques en un ruissellement cristallin, courant le long de rigoles, étale dans des bassins. Nourricière des arbres (palmiers, orangers, citronniers...), arbustes (lauriers-roses, bougainvillées) et fleurs, éléments de décoration de l'espace domestique où intérieur et extérieur s'interpénètrent, elle fait entendre discrètement mais de façon continue son chant, qui, se mêlant à celui des oiseaux, compose une délicate sonate, indissociable de l'art de vivre marocain.

LE HAMMAM

Héritage des bains romains, le hammam a été introduit dans la civilisation maghrébine par les Omeyades venus de Syrie. Il est habituellement réservé aux femmes pendant la journée et aux hommes le soir mais, dans les grandes villes, le hammam des hommes jouxte souvent celui des femmes.
Le hammam est agencé selon une succession de salles. La première est un vestiaire *(el-guelsa)* ; puis viennent trois pièces principales : une froide *(bayt el-bared)*, une tiède *(bayt el-wastani)* et une chaude *(bayt-eskhoun)*, pour la sudation. Un rituel ancestral accompagne ce moment de **détente** et de **purification** : on commence par se rincer d'eau tiède, tirée de seaux que l'on a eu le soin de remplir, en mélangeant

soi-même eau chaude et froide. Puis on s'enduit de savon noir, avant de se frotter le corps tout entier à l'aide d'un gant de crin. Les pores ouverts par la vapeur chaude libèrent alors la saleté accumulée au quotidien. Il est d'usage de s'entraider entre femmes pour le gommage du dos. À moins que l'on ne demande à une gardienne du hammam de le faire à sa place. Les cheveux font aussi l'objet d'un long démêlage, d'un soin au ghassoul, etc. Du côté des hommes, le gommage est souvent suivi d'un massage énergique. En général, les Marocains vont au hammam une fois par semaine. Outre ses **vertus hygiéniques**, le hammam constitue aussi un **espace social** important : on y discute, on s'y confie, on y apprend les nouvelles du quartier...

UNE SÉCHERESSE MENAÇANTE

Comme la plupart des pays méditerranéens, le Maroc souffre de la sécheresse, qui fait sentir ses effets tant sur le plan de l'approvisionnement en eau des villes et des villages que sur le plan de l'agriculture...
« Gouverner, c'est pleuvoir ! » : cette boutade de Lyautey pourrait être reprise par les gouvernants d'aujourd'hui alors que le Maroc est confronté depuis plusieurs années à une sécheresse persistante. Elle met en exergue l'un des principaux obstacles au développement du pays. Les **lacs de barrage** sont presque asséchés et les cultures sont abandonnées faute d'**irrigation**.
Génie bienfaisant lorsqu'elle fait sortir de terre des oasis paradisiaques, l'eau peut être aussi, lors de graves intempéries entraînant la crue des oueds et les **inondations**, source de pertes humaines et de dégâts matériels importants.

IRRIGATION DES PALMERAIES

Drainant vers les oasis l'eau des sources et des nappes phréatiques, les **rhettaras** sont des canaux souterrains dont le parcours est jalonné, tous les 10 m environ, de puits, qui permettent leur aération et leur entretien. En aval, des **bassins d'accumulation** donnent naissance à tout un réseau de **séguias** (rigoles à ciel ouvert) qui distribuent l'eau vers les champs et les jardins.
Cet ingénieux système fut créé au 11e s. par un Arabe d'Orient, **Abdellah Ibn Youness**, à qui Youssef ben Tachfine avait fait appel pour alimenter en eau le site de Marrakech, où il avait établi son camp. Si ce système d'irrigation reste d'un intérêt primordial, l'urbanisation croissante et la diversification des techniques entraînent l'abandon progressif de ces ouvrages, au grand dam des historiens, pour qui cette « science hydraulique » vieille de neuf siècles fait partie du patrimoine national.
De nos jours, l'État s'efforce d'étendre les surfaces irriguées et d'atténuer les effets dévastateurs des inondations en construisant de nombreux barrages.
Dans la **palmeraie de Marrakech** *(voir p. 35)*, le système traditionnel des *rhettaras,* qui permettait d'irriguer les 14 000 ha de végétation, ne fonctionne quasiment plus. La sécheresse menace donc ce lieu unique.

Artisanat

L'artisanat marocain attire les Occidentaux par sa variété et son raffinement. Des poteries à la maroquinerie, de la dinanderie aux tapis, les œuvres sont conçues selon des techniques ancestrales, différentes selon les régions et les villages. Elles sont soit d'influence berbère (motifs géométriques), soit d'influence arabe (motifs floraux et arabesques).
« Shopping », p. 56.

LES BIJOUX

Relevant de techniques séculaires, la fabrication du bijou a longtemps été l'apanage des artisans juifs, concentrés dans les quartiers traditionnels *(mellah)*. Créé et offert par l'homme, il n'est destiné qu'à la femme. Qu'elles soient citadines ou rurales, les Marocaines aiment les bijoux massifs et ouvragés.
La majorité des **bijoux ruraux** sont en **argent**. Ils peuvent être incrustés de pierreries ou d'émaux (dont le nielle, ou émail noir) et rehaussés de corail, de pièces de monnaie, de corne ou d'ambre. On trouve des boucles d'oreilles – dont de grands anneaux reliés par une chaîne –, des bracelets, des bagues, des anneaux de cheville, des fibules (broches pour attacher les drapés) et des diadèmes *(taj)*. Il existe deux techniques de fabrication : le métal, une fois chauffé, est soit coulé dans un moule, soit découpé directement. Bien qu'il tende à disparaître, le **filigrane** est encore pratiqué à Essaouira et à Tiznit.
Les **bijoux citadins**, quant à eux, sont en **or** ou, plus rarement, en argent recouvert d'or. Du diadème au bracelet, ils sont souvent décorés de motifs floraux stylisés, les **arabesques**, à la manière des bijoux byzantins. Des pierreries peuvent y être incrustées : rubis, grenats, émeraudes ou perles. Autrefois fabriqués dans les quartiers juifs, ils sont aujourd'hui la spécialité de la corporation des orfèvres. Les bijoux citadins les plus remarquables, pour leur raffinement et leur beauté, sont le **lebba**, collier en or et pierres précieuses, et la ceinture de la mariée. La **main de Fatma** *(khamsa)*, pendentif en or ou en argent destiné à éloigner le mauvais œil, se vend partout.

LES TAPIS

Les tapis occupent une place prépondérante dans l'artisanat marocain. Moins réputés que ceux d'Orient, ils se distinguent néanmoins par leur grande variété et leur originalité.
On distingue les tapis citadins (**Rabat, Salé et Casablanca**), épais et très colorés, et les tapis berbères (**Moyen Atlas, Haut Atlas**) de taille variable, ornés de motifs géométriques.
Décorés de motifs floraux inspirés de l'Asie Mineure du 18e s., les tapis citadins se caractérisent par la densité

de leur moquette et la finesse de leur composition. Leur nœud de fabrication est celui de Ghiordès, appelé aussi « nœud turc ». Les plus anciens disposent de la plus fine trame, à bandes tissées d'une largeur inférieure à 10 mm. Ces bandeaux à motifs répétitifs encadrent une surface rouge (de garance ou de cochenille), elle-même décorée de tracés curvilignes ou rectilignes.
Sur les tapis casablancais, les surfaces centrales sont plus grandes et souvent ornées de médaillons octogonaux. Leur originalité vient aussi du fait qu'ils contiennent au minimum sept couleurs éclatantes.
Les **tapis berbères** du **Moyen Atlas**, très grands et épais, servent de matelas. Décorés de motifs géométriques basiques, triangles, losanges, rectangles ou damiers, ils se présentent soit très colorés (Meknès), soit en noir et blanc (Taza). Pour obtenir un tissage épais et solide, la laine est fortement calibrée, et souvent retordue en deux brins pour les points noués sur trois ou quatre fils de chaîne.
Contrairement aux précédents, les **tapis du Haut Atlas**, aux couleurs chaudes et orientales (rouge, orange et or), jouent un rôle exclusivement ornemental. Leur finesse s'obtient à l'aide d'un point, de près de 15 mm, noué sur deux fils de chaîne, selon la technique utilisée à Rabat. De taille relativement petite, ils se distinguent, en général, par une bande et un médaillon central.
Les **tapis du Haouz, à l'ouest de Marrakech**, dits *chichaoua*, sont célèbres pour leurs fonds aux couleurs chaudes rouge foncé ou bois de rose et leurs motifs en zigzag à chaque extrémité. Mais certains peuvent être bien étranges : toujours sur fond rouge, ils mêlent des motifs symboliques à une faune variée (serpents, scorpions, scolopendres) et à des objets disparates (théières, tables), quand ils ne représentent pas les hommes ou la nature.
Enfin, les **tapis du Maroc oriental** sont fabriqués à Taourirt et dans les régions voisines. De grandes dimensions, ils présentent une dominante verte ou bleue. La chaîne en laine est mélangée à du poil de chèvre ou de chameau, et teinte en rouge avec des racines de sumac.
L'un des meilleurs endroits du Maroc pour acheter vos tapis est sans doute le **souk Zrabi de Marrakech** *(voir p. 24)*. C'est là que les Berbères viennent vendre leurs créations, tandis que nombre de commerçants de tout le pays s'y approvisionnent.

LE CUIR

Les **babouches**, les accessoires de harnachement, les **sacoches** *(chekkara)* et les **coussins** comptent parmi les principaux objets traditionnels en cuir. Les motifs, brodés de fils d'or ou de soie, ou incisés à l'aide d'un canif, sont d'origine hispano-mauresque : entrelacs rectilignes ou curvilignes, dessins floraux, médaillons lobés...
On utilise aussi la technique de **l'estampage** et du **repoussage** : l'artisan tape à l'aide d'un marteau sur un outil qui donne un relief au cuir. Les tanneries qui ont conservé

Bijoux incrustés de pierres et d'émaux.

les techniques ancestrales existent toujours dans certaines villes, à Fès notamment. Aujourd'hui, la **maroquinerie** (sac à main, pouf, portefeuille...) occupe une place importante dans l'activité du cuir. Bien que la production de vêtements et de chaussures soit de moins en moins artisanale, la qualité du cuir demeure satisfaisante grâce aux progrès de l'industrie dans ce domaine.
« Souk Cherratine », p. 24.

LE TRAVAIL DU BOIS

Toute la décoration architecturale témoigne de la virtuosité des Marocains à travailler et à sculpter le bois, que ce soit sur les **auvents** des medersas, dans la réalisation des **moucharabiehs** ou des **plafonds à stalactites**.
Dans les souks, la délicieuse odeur du bois de **cèdre**, du **thuya** ou du chêne annonce les tourneurs, qui fabriquent brochettes et pieds de table. Plus loin, les menuisiers exécutent des coffres, pièces maîtresses du mobilier. Ceux-ci varient selon les villes : en thuya aux ferrures ouvragées à Fès, en cèdre très sculpté à Meknès, au couvercle en dos d'âne à Marrakech, peints de couleurs vives à Tetouan. Pour les petits objets en bois, signalons les animaux, coupes, vases taillés dans le cèdre par les artisans d'Azrou.
Les ébénistes d'**Essaouira** sont réputés depuis longtemps pour leur habileté en **marqueterie**. Leur matériau principal est le **thuya de Barbarie**, ou **arar**, un arbre de la famille des cyprès. Pour les incrustations, ils emploient d'autres essences, comme le citronnier (jaune) ou l'acacia gommier (noir, qui remplace l'ébène, trop coûteux), ainsi que de la nacre provenant des murex et des fils d'argent. Mais les objets les plus beaux sont taillés dans la loupe d'arar, c'est-à-dire dans la racine du thuya, dont le bois présente des irrégularités de couleur et de texture très recherchées par les ébénistes. Ces racines proviennent d'arbres morts depuis longtemps et pèsent en moyenne une vingtaine de kilogrammes, mais celles de spécimens vieux de plusieurs siècles peuvent atteindre 200 kg et permettent de sculpter d'une seule pièce un fauteuil, voire une baignoire ! Longuement poncé, puis patiemment poli à la main, le bois prend un aspect marbré, tacheté ou chatoyant du plus bel effet.

LA DINANDERIE

Les principaux ateliers de dinandiers *(seffarine)* se trouvent dans les médinas de **Fès** et **Marrakech**.
L'art du **cuivre** et du **bronze**, qui relève de techniques ancestrales, requiert une maîtrise et une patience rigoureuses. Le métal est gravé au burin et ciselé à la gouge. Dans les échoppes des artisans s'amoncellent les objets en cuivre rouge ou jaune : plateaux, bouilloires, brûle-parfums, chandeliers, boîtes à thé... Les grandes **lanternes** à verre coloré qui projettent de jolis rais de lumière bleus, rouges, jaunes ou verts iront dans les patios des maisons traditionnelles. Les grands récipients, tels que les marmites ou les cuves

pour les hammams, sont dénués de décoration.

LA FERRONNERIE

Impossible de manquer le souk des ferronniers *(voir « Souk Haddadine », p. 24)*, les coups de marteau qui retentissent l'annoncent de loin. Excepté les lustres et les lanternes, les pièces fabriquées sont destinées à la sécurité de la maison : grilles de fenêtre, clefs, serrures, clous pour les heurtoirs des portes, pentures, etc. L'achat d'objets en fer, tout comme leur production, est le domaine réservé des hommes.

LA POTERIE BERBÈRE

En terre blanche ou rouge, elle est soit incisée ou estampée, soit peinte en noir ou rouge. À Taroudant, elle est vernissée en brun, à Tamegroute, en vert. Les différents motifs qui la décorent, et que l'on retrouve sur les dessins au henné, sont chargés de symbolisme (le losange du nomadisme, par exemple, désigne les quatre points cardinaux). Les femmes modèlent la poterie à la main tandis que les hommes utilisent un tour à pied. Cuites sur des feux de branches, les pièces obtenues **(plats, bols, jarres, cruches, marmites)** sont destinées essentiellement à l'usage domestique. Les formes et décors varient en fonction des régions. Dans le Rif, les poteries sont **ocrées** et ornées de **dessins noirs**. Dans le Moyen Atlas et dans les zones sahariennes, elles ont une taille imposante.

LA CÉRAMIQUE CITADINE

Propre aux anciennes cités comme Fès ou Salé, elle remonte au 10e ou 11e s. Sobre et épurée, sa décoration mêle des **éléments floraux** d'origine perse et espagnole à des **inscriptions coufiques et des motifs géométriques**. La surface n'est jamais entièrement recouverte. Son fond en émail blanc tranche avec des dessins jaunes, verts ou bleus, parfois délimités par du brun manganèse. Au 18e s., les artisans de Fès créèrent une nouvelle faïence, dont les motifs surchargés sont peints uniquement en bleu : c'est le fameux **bleu de cobalt**, communément appelé « bleu de Fès ». Bénéficiant de l'enseignement fassi, la ville de Safi a opté pour des motifs foisonnants et colorés, introduisant une céramique de luxe. On trouve toutes sortes d'objets en céramique, chacun ayant une fonction précise : le *berrada* est une gargoulette qui permet de conserver de l'eau fraîche ; le *douaïa*, un encrier utilisé par les écrivains publics ; le *guellouch*, un petit récipient pour le miel ; le *hallab*, une bouteille de lait ; le *mbokha*, un brûle-parfums, etc. Si l'introduction récente de fours à briques et de tours à pied dans les ateliers a permis d'augmenter la production et de diminuer les « défauts de fabrication », la décoration, elle, demeure manuelle.

Les peintres d'Essaouira

Les multiples brassages ethniques et culturels, la beauté de la ville et l'intensité de la lumière ont favorisé l'élan artistique. Il existe à Essaouira une forte densité de créateurs, notamment de peintres. Le courant se caractérise par une peinture extrêmement colorée, marquée par la spiritualité des lieux et le patrimoine culturel.

DES ARTISTES AUTODIDACTES

Le pionnier des talentueux peintres autodidactes d'Essaouira fut, dans les années 1960, le peintre et sculpteur **Boujemâa Lakhdar**.

Suivant son exemple, d'autres artistes, pour la plupart issus du monde rural et sans aucune formation artistique, se sont mis à peindre leurs rêves et à donner libre cours à leur fantaisie et à leur imaginaire, tels **Ali Maimoune, Abdelkader Bentajar, Abdellah Oulamine, Brahim Mountir, Mohammed Tifardine, Said Ouarzaz** ou **Abdelmalek Berhiss**.

Créateurs d'un art singulier que l'on qualifie parfois – à tort – d'art naïf, et qui se révèle souvent proche de l'abstraction, ils tirent leur inspiration tant de leurs racines arabes, et surtout berbères, que des traditions locales, où le mysticisme, le surnaturel et tout un répertoire de signes et de symboles cohabitent en une secrète alchimie. À cela s'ajoute le monde de la transe et de la culture gnaouie, dont l'influence est particulièrement importante à Essaouira.

UNE RICHESSE ARTISTIQUE

Mohamed Tabal, figure de proue de cet univers artistique, en est le parfait exemple. Puisant son inspiration dans ses origines africaines et dans les traditions gnaouies, celui qu'on appelle le « peintre de l'errance et de la transe » réalise des œuvres fortes, peintures mais aussi sculptures, qui sont loin de laisser indifférent.

Des femmes marocaines s'imposent également sur la scène artistique. Des individualités fortes émergent, parmi elles **Fatima Ettalbi** et **Chaïbia**, artiste autodidacte qui puise ses images dans la vie quotidienne et transmet sa sensibilité à travers la couleur pure et la simplification des formes, dans des œuvres oscillant entre le naïf et l'art brut.

GALERIE ET LIEUX D'EXPOSITION

Frédéric Damgaard, personnalité locale, collectionneur de peintures, critique d'art et écrivain, a encouragé les artistes souiris durant une trentaine d'années. Dans sa galerie d'Essaouira, il expose et vend les œuvres d'artistes comme le peintre gnaoua Mohamed Tabal, Ali Maimoune, Fatima Ettalbi (qui utilise dans ses peintures les techniques du décor au henné), **Rachid Amarhouch**...

« Shopping », p. 56.

Pigments naturels.

MARINE
BLUE DE CHAFCHAIN
Noyer
JUJUBA
MUREX
Bleu Mogador
BLEU MAJORELLE
Jaune Safran
ROSE MAGOUNA
EMRoud

La culture gnaouie

C'est surtout à Marrakech, Fès, Meknès et Essaouira que l'on entend la **musique des Gnaouas**. Originaires de l'Afrique subsaharienne (Ghana et Nigeria), les Gnaouas chantent des poèmes religieux en arabe dialectal mêlé à des expressions de leur langue d'origine. La cérémonie gnaouie a pour but de chasser les djinns, ces esprits malfaisants qui peuvent s'en prendre à tout musulman. Le rythme saccadé de la musique conduit les danseurs à un état de transse.

ORIGINE DES GNAOUAS

Les Gnaouas, dont l'histoire se perd dans la nuit des temps, seraient d'une part des descendants d'esclaves soudanais venus travailler dans les plantations du Sous, du Haouz de Marrakech et dans les sucreries d'Essaouira, sous le règne du sultan Ahmed el-Mansour, et d'autre part des Guinéens qui constituèrent au 17e s. la garde noire de Moulay Ismaïl. Ils descendraient aussi des centaines de Noirs que le sultan **Mohammed ben Abdallah** fit venir du Soudan (qui à l'époque englobait les actuels Mauritanie, Sénégal, Guinée, Mali et Niger) pour la construction de la ville d'Essaouira.

DE LA DANSE À LA TRANSE

Utilisant tambours et **crotales**, ou *qarakeb* (sortes de castagnettes en fer, faites d'une tige renflée en forme de coque à chaque extrémité), leur numéro se situe à la limite de l'acrobatie. L'intensité des rythmes et le talent des danseurs s'expriment dans des sauts et sonnailles exécutés pour attirer les spectateurs. Le rituel de la *derdeba* gnaouie se termine par l'**état de transe** (qu'on appelle le *hal*, quête mystique du divin) et par les danses de possession.

FESTIVALS ET REPRÉSENTATIONS

Qui veut connaître ces rituels authentiques que n'ont pas altérés les flux touristiques ou les influences étrangères se doit d'aller à **Essaouira**, ville des Gnaouas par excellence, où se tient chaque année en juin depuis 1998 le **Festival gnaoua et musiques du monde** *(voir p. 96)*, auquel s'associent des musiciens de jazz. Ils se produisent aussi à **Marrakech**, sur la **place Jemâa el-Fna**.
Vêtus de vert et de rouge, les acrobates de la confrérie de Sidi Ahmed ou Moussa, originaires de l'Anti-Atlas (région de Tiznit-Tafraoute), exécutent leur numéro sur la place.
La musique des Gnaouas commence aussi à percer en France avec des versions actualisées par des groupes comme l'Orchestre national de Barbès et Gnawa Diffusion.

Gastronomie

La renommée de la cuisine marocaine n'est plus à faire. Riche ou légère, simple ou sophistiquée, elle offre une multitude de plats aussi raffinés qu'exquis.

LES ENTRÉES

On commence souvent le repas par des **salades**. Elles sont disposées dans de petites assiettes autour des plats et servent d'accompagnement pendant le repas. Chacune contient une spécialité : salade de carottes râpées à l'orange, aubergines et courgettes revenues dans l'huile *(zaâlouk)*, artichauts cuits, poivrons et tomates, fèves fraîches, graines de couscous, cervelle d'agneau, concombres, haricots verts, lentilles, etc.
Autre entrée très appréciée : la **soupe**. Les plus courantes sont celles aux légumes broyés ou coupés en dés, aux grains de blé concassés *(dchicha)*, à la semoule et à l'anis, au vermicelle, au riz, aux pâtes et aux gombos.
Pendant le mois du ramadan, on interrompt le jeûne par une **harira**, soupe épaisse préparée à base de viande, de haricots, de lentilles, de pois chiches et de fèves. Très consistante, elle équivaut à un repas.
Les **briouate** constituent aussi une excellente entrée. Ce sont de petites enveloppes de pâte feuilletée *(ouarka)* farcies de viande hachée de bœuf ou d'agneau et frites dans l'huile. Leur forme peut être cylindrique, triangulaire ou rectangulaire. La cuisine moderne propose des *briouate* aux crevettes et vermicelle, au fromage et aux merguez.
Enfin, vous ne pouvez manquer de goûter la **pastilla**. Il s'agit d'une pâte feuilletée fourrée d'amandes, d'oignons, de persil, d'œufs et de pigeon ou de poulet. Il faut de longues heures pour préparer la pastilla. Au restaurant, il est important de la réserver. Si on vous la propose à la carte, cela veut dire qu'elle a été achetée au marché, et non faite maison... Très bonne aussi mais moins traditionnelle et assez relevée, la pastilla au poisson comprend des crevettes et du vermicelle chinois.

LES PLATS PRINCIPAUX

La plupart des plats de résistance sont à base de viande, souvent de mouton. Mets de base, le **couscous** se compose de semoule de blé, d'orge ou de maïs, cuite à la vapeur et accompagnée d'un pot-au-feu de mouton, de poulet ou de bœuf agrémenté de légumes (courgettes, navets, carottes, pommes de terre, pois chiches).
Le **tajine** est le plat le plus répandu. Ce ragoût de viande, de volaille ou de poisson est mijoté au charbon de bois dans un plat en terre cuite nappé d'huile, avec des épices, un ou plusieurs légumes (oignons, carottes, queues d'artichauts, pommes de terre, haricots, petits pois), et/ou

des fruits (pruneaux, raisins secs, citrons confits) ainsi que des graines (amandes émondées, pignons de pin). On distingue plusieurs variétés de tajines : les **mqalli**, accommodés de sauce safranée, ou les **mhammar**, préparés à base d'épices rouges, d'origine arabe, et les *mjammar*, mijotés au charbon de bois, hérités de la cuisine andalouse.
Goûtez les délicieuses brochettes de **kefta**, boulettes de viande hachée rehaussées d'épices (cumin ou paprika) et cuites à la poêle. À moins que vous ne préfériez celles de **kebabs**, morceaux de viande grillés sur un barbecue ou au charbon de bois et agrémentés d'une sauce piquante.
D'origine turque, le **méchoui** se présente soit sous forme d'un mouton entier ou d'un demi-mouton, grillé avec du sel et du cumin, soit sous forme de *mhamar*, des morceaux de mouton cuits dans une cocotte avec des oignons, des clous de girofle, du safran, du beurre rance, du persil, du sel et du poivre. Il peut être assaisonné avec du sel, du beurre, des épices (safran, paprika, cumin) et arrosé de sauces contenant de la coriandre et autres herbes. Dans certaines régions, on fait aussi du méchoui de bœuf, de chèvre, de gazelle ou de poulet.

Autre mets très apprécié des Marocains, les **abats**. Cuisinés notamment lors de la **fête du sacrifice** *(Aïd el-Kébir)*, ils se présentent en sauce.
Le **poulet** peut être rôti ou cuisiné en tajine – le poulet aux olives et citrons confits est le plus traditionnel.
Poissons et crustacés abondent sur la côte atlantique, à Essaouira notamment.

LES DESSERTS ET PÂTISSERIES

En raison de la variété et de la qualité des fruits au Maroc, les repas s'achèvent souvent par un plateau ou une salade de **fruits**. Pour certains mariages citadins, il semble de bon ton de faire confectionner un gâteau glacé par un traiteur. Si, en Occident, la diversité et la spécificité des pâtisseries marocaines sont méconnues, c'est parce qu'elles sont sérieusement concurrencées à l'exportation par les gâteaux libanais et tunisiens. Tout aussi raffinées les unes que les autres, ces pâtisseries sont toujours servies avec du thé à la menthe. Les **cornes de gazelle** *(kaab el-ghzal)*, pâte d'amande parfumée à la fleur d'oranger, sont les plus réputées. Le **sfenj**, beignet frit qui rappelle le *churro* espagnol, est vendu dans des échoppes. La pâtisserie au miel **haloua chebbakia** et les **briouate au miel et aux amandes** accompagnent la *harira* pendant les repas du ramadan. Pâte sablée au beurre contenant de la semoule, des graines de sésame ou des amandes, la **ghoriba** fond lentement dans la bouche. Les petits pains ronds sucrés **krachel** peuvent être dégustés seuls ou avec du beurre ou du miel. Faits avec la même pâte que celle des *krachel*, les **feqqa** sont de petits gâteaux aux amandes. Le **sellou**, pyramide brune composée de farine dorée au four, d'amandes grillées et moulues, de beurre, de miel, de sésame, de musc d'Arabie et de cannelle, constitue un plat très fortifiant, habituellement préparé au ramadan ou après une naissance pour la maman. La craquante **pastilla au lait** *(ktéfa)* se prépare avec une pâte feuilletée enduite de lait ou de crème pâtissière et saupoudrée d'amandes pilées. La longue **m'hencha**, gâteau à la pâte d'amande, s'enroule sur elle-même, d'où son nom, qui dérive de *hench* (serpent).

LES ÉPICES

Au Maroc, on désigne sous le nom d'épices les plantes médicinales et les condiments. Une hiérarchie a été élaborée en fonction de leur rareté et de leur ancienneté. Les plus importantes sont le poivre, la cannelle, la muscade, le girofle, le gingembre et le safran. Les suivantes, apparues bien plus tard, rassemblent entre autres la coriandre, la cardamome, le cumin et l'anis. Les dernières, appelées « épices du pauvre », sont de simples condiments : thym, marjolaine, réglisse, laurier, etc.
Le **poivre noir** fraîchement moulu relève la majorité des plats. La **cannelle** aromatise les pâtisseries et certains tajines sucrés, comme celui aux pruneaux et aux amandes. Le **gingembre** en poudre s'emploie pour la préparation des plats saucés. Le **safran**, présenté sous forme de filaments, est utilisé en petite quantité dans la majorité des tajines. Le **persil** à feuilles plates et la graine de **coriandre** fraîche parfument bon nombre de plats, notamment ceux à base de viande.Le **cumin** accompagne les méchouis et les œufs. Le **paprika**, poudre séchée de poivron rouge, relève certains tajines, la **kefta** (viande hachée) et le poisson. La **noix de muscade** parfume la viande blanche et le poisson ; son écorce, le macis, agrémente les boulettes de viande.
Le **ras el-hanout** (« tête de la boutique ») est un mélange des meilleurs produits de l'épicerie : clous de girofle, gingembre, bouton de rose, cannelle, piments, golanga, macis de la noix de muscade, anis, curcuma, cardamome, gousses d'ail, noix de muscade et cantharides. On l'utilise surtout pour les plats de fête.

LES VINS ET SPIRITUEUX

Bien que l'alcool soit prohibé au Maroc, comme dans la plupart des pays musulmans, le vin y est produit et exporté. On trouve **trois zones viticoles** : la première située près d'Oujda, la deuxième s'étendant de Fès à Meknès, et la troisième, de Rabat à Casablanca. Une production viticole récente et de qualité s'est également développée dans la province d'**Essaouira**. L'alcool de figue, la *mahia*, distillée à 40°, est une eau-de-vie digestive et corsée. Idéale en été, la bière Flag Pils ou Flag spéciale désaltère à petit prix.

Le thé à la menthe

UN SIGNE D'HOSPITALITÉ

Le thé à la menthe fait partie du quotidien des Marocains. On le boit à toute heure de la journée, en guise de bienvenue, comme apéritif ou digestif, et tout au long du repas. **Troisième signe d'hospitalité** après le lait et les dattes, le thé est souvent accompagné de **pâtisseries**, de crêpes *(rghaief, baghrir* ou *msemmen)*, ou simplement de pain d'orge, de maïs ou de blé.

TOUT UN CÉRÉMONIAL

La présentation du thé, tout comme sa préparation, est riche en symboles. Rien n'est laissé au hasard, ni le nombre de verres ni leur disposition sur le plateau. La préparation, qui revient au plus habile de la famille, se fait devant les invités, suivant des rites ancestraux. Assis en tailleur, l'élu procède au nettoyage de la théière à l'eau bouillante, après un *bismillah* de rigueur. Puis il prend la dose exacte dans la boîte à thé. Les feuilles de thé vert sont rincées deux fois, la première eau de rinçage étant conservée pour sa forte teneur en thé. Le premier verre servi ne contient que du thé, ce n'est qu'au deuxième qu'on ajoute menthe et morceaux de pain de sucre. La théière est protégée par un napperon pendant la période d'infusion. Le thé est ensuite servi de la main droite, la gauche étant considérée comme impure par les musulmans. On le verse de très haut, afin d'en exalter l'arôme, avant de confier le premier verre à un palais confirmé. Si celui-ci se montre insatisfait, le thé est retravaillé.

Pas de boisson nationale sans les Anglais !

À quand remonte la présence du thé au Maroc ? Au début du 19e s., seules les familles riches et la cour royale (makhzen) pouvaient s'en procurer. Il fallut attendre la guerre de Crimée, vers 1854, pour que le thé arrive sur les côtes marocaines. Le blocus de la Baltique interdisant aux marchands anglais de vendre leurs produits aux marchés slaves, ceux-ci débarquèrent sur les comptoirs de Tanger et de Mogador. C'est ainsi que la boisson gagna l'ensemble du pays.

Thé à la menthe.

F

G

H

I

Crédits photographiques p. 4-5
(de gauche à droite et de haut en bas)

I. Ruiz Haro/age fotostock
KFS/imageBROKER/age fotostock
Funkystock/age fotostock
fafou/iStock
SuperStock/age fotostock
E. Teissedre/Photononstop
djgunner/iStock
Michelle Dulieu/iStock
A. Woodley/age fotostock

Collection Le Guide Vert sous la responsabilité de Philippe Orain

Édition	Natacha Brumard, Emmanuelle Souty
Rédaction	Emmanuelle Souty, Dominique Barouch, Éric Boucher, Tiphaine Cariou, Michel Dusclaud, Éric Fottorino, Gilles Guérard, Anne Lagarde, Anne Ledet, Philippe Longin, Clément Mathieu, Delphine Storelli, Yves Traynard
Cartographie	Thierry Lemasson, Denis Rasse, Daniel Duguay Plans de ville : © MICHELIN et © 2006-2014 TomTom. All rights reserved. This material is propritary and the subject of copyright protection, database right protection and other intellectual property rights owned by TomTom or its suppliers. The use of this material is subject to the terms of a license agreement. Any unauthorized copying or disclosure of this material will lead to criminal and civil liabilities.
Relecture	Capucine Jahan
Remerciements	Didier Broussard, Marie Simonet
Conception graphique	Laurent Muller (couverture et maquette intérieure)
Régie publicitaire et partenariats	business-solutions@tp.michelin.com *Le contenu des pages de publicité insérées dans ce guide n'engage que la responsabilité des annonceurs.*
Contacts	Michelin Guides Touristiques 27, cours de l'Île-Seguin, 92100 Boulogne Billancourt Service consommateurs : tourisme@tp.michelin.com Boutique en ligne : www.michelin-boutique.com www.voyage.michelin.fr **Parution 2016**

Michelin Travel Partner
Société par actions simplifiées au capital de 11 288 880 EUR
27, cours de l'Ile-Seguin - 92100 Boulogne Billancourt (France)
R.C.S. Nanterre 433 677 721

Dépôt légal : 12-2015 – ISSN 0293-9436
Compograveur : IGS-CP, L'Isle-d'Espagnac
Imprimeur : IME, Baume-les-Dames
Imprimé en France : 01-2016

Usine certifiée 14001
Sur du papier issu de forêts gérées durablement (100 % PEFC)

Comprendre les symboles du guide

★★★ Vaut le voyage ★★ Mérite un détour ★ Intéressant

Hôtels et restaurants

- 9 ch. — Nombre de chambres
- bc — Menu boisson comprise
- Paiement par cartes de crédit
- Cartes de crédit non acceptées
- Air conditionné dans les chambres
- Restaurant dans l'hôtel
- Établissement servant de l'alcool
- Piscine

Symboles dans le texte

- Pour approfondir
- Facilité d'accès pour les handicapés
- Astuce, conseil
- Adresse coup de cœur
- A2 B — Repère sur le plan

Cartes et Plans

MONUMENTS ET SITES

- Église
- Temple
- Synagogue
- Mosquée
- Calvaire - Fontaine
- Rempart - Tour - Porte
- Vue
- Table d'orientation
- Fort - Grotte

INFORMATIONS PRATIQUES

- Informations touristiques
- Parking - Parking relais
- Tramway - Métro
- Gare : ferroviaire, routière
- Téléphérique, télécabine
- Funiculaire, voie à crémaillère
- Chemin de fer touristique
- Poste - Marché couvert
- Transport de voitures et passagers
- Transport de passagers

AXES ROUTIERS, VOIRIES

- Autoroute ou assimilée
- Rue piétonne
- Rue impraticable, réglementée
- Escalier
- Sentier
- B F — Bac passant voitures et passagers
- Pont mobile

SPORTS ET LOISIRS

- Piscine : de plein air, couverte
- Stade
- Hippodrome
- Port de plaisance

ABRÉVIATIONS ET SIGNES PARTICULIERS

H	Hôtel de ville	P	Préfecture, sous-préfecture
J	Palais de justice	POL.	Police
M	Musée	T	Théâtre